ちくま新書

日本人と資本主義の精神

田中 修
Tanaka Osamu

1274

日本人と資本主義の精神【目次】

図版作成＝朝日メディアインターナショナル株式会社

はじめに

本書のねらいは、歴史的な観点から日本型資本主義の特徴をとらえ直し、今後目指すべき方向性について考えることにあります。

二〇〇七年に発生したアメリカ発の世界経済危機は、圧倒的に優位を誇っていたはずのアメリカ資本主義の権威を、完全に失墜させました。以後各国は、それぞれに自国の実情に合った新たな資本主義モデルを模索していますが、そのためには資本主義の本質と、自国の資本主義の特徴について再認識する必要があります。

このため、筆者はその最初の試みとして、前著『スミス、ケインズからピケティまで　世界を読み解く経済思想の授業』（日本実業出版社、二〇一五）を上梓しました。こちらは、経済思想や資本主義の多様性を軸に、日本型資本主義をアメリカ・ドイツ・フランスの資本主義、さらには中国の経済システムと対比しながら論じることを主眼としています。これに対し本書は、日本型資本主義そのものに焦点をあてて考察しており、両書はいわば補完関係にあると言えましょう。

本書の構成は第一部（第一章―第二章）と第二部（第三章―第六章）に分かれており、第一部は本書の主張のエッセンスとなっています。第一章は、資本主義が繰り返し危機を迎える要因について考察するとともに、資本主義を支える精神（倫理と「企業家精神」）について論じています。第二章は、日本型資本主義が経験した危機（バブルと九七年金融危機）の原因と、今後日本型資本主義が目指すべき新たなモデルの方向性について論じています。まず、この第一部を読んでいただければ、筆者の主張の骨幹をつかむことができるでしょう。

第二部は、第二章の論拠となる日本型資本主義の特徴を、歴史的観点から考察したものです。第三章から第五章までは精神史的な観点からの考察であり、日本型資本主義の精神的特徴である勤勉・倹約の倫理と「士魂」（第三章）、日本人の独特な思考様式を分析した「日本教」論（第四章）、日本人の意思決定方法の特徴である「一揆」と「空気」（第五章）について、それぞれ解説しています。第六章は経済史的な観点からの考察であり、戦後の高度成長が「戦時経済体制」の継続によってもたらされたことを解説しています。

時間がありましたら、第六章まで読み通されたあと、第二章を再度読み返すと、筆者の提示した論点がより理解できるものと思われます。それぞれの考察に際しては、先人の優れた論考を参考としました（巻末の「参考文献」参照）。

ここに紹介した著作の多くは、日本の産業資本主義が最高段階に達した、一九七五―八五年頃に集中的に発表されました。この時期は、日本の産業資本主義が既に欧米を上回ったことが内外ともに認識されたときであり、これまでアメリカ産業資本主義に追いつき追い越すことを目標としてきた日本人は、目標を見失いかけました。そこで改めて日本（人）論が、知識人によって議論されたのです。

ここで紹介した著作をみると、著者たちは日本（人）を実に冷静に観察しており、決して軽薄な『日本（人）優越論』をふりかざしていたわけではありません。日本（人）の特徴をもう一度見極めながら、日本型資本主義の目指すべき新しいモデルを懸命に模索していたのです。しかし、このあと、日本はバブル経済をむかえ、日本的経営こそが最高のモデルだという、うぬぼれと楽観主義が社会全体をおおいました。日本（人）の長所・短所を客観的に考察し、資本主義そのものの大きな国際的変化の趨勢を見極め、日本型資本主義モデルを再構築するという、知的努力は失われてしまったのです。

ところがいったんバブル経済が崩壊し、日本経済が長期の低迷に陥ると、今度は日本的な経営が全面否定され、アメリカ的経営モデルが無批判に礼賛されるようになりました。しかし、アメリカの資本主義モデルは二〇〇七年に大きく破綻しました。我々は先人の優れた日本（人）論をもう一度ひもときながら、日本型資本主義の目指すべき新たなモデルを考察する必要に迫られているのです。本書がその手掛かりの一つとなれば、筆者としては望外の喜びです。

なお、本書で述べられている意見は、参考文献から紹介した識者の見解を除いて、すべて筆者の個人的見解であり、筆者の所属する財務省・国税庁の公式見解とは全く無関係であることを、あらかじめお断りしておきます。

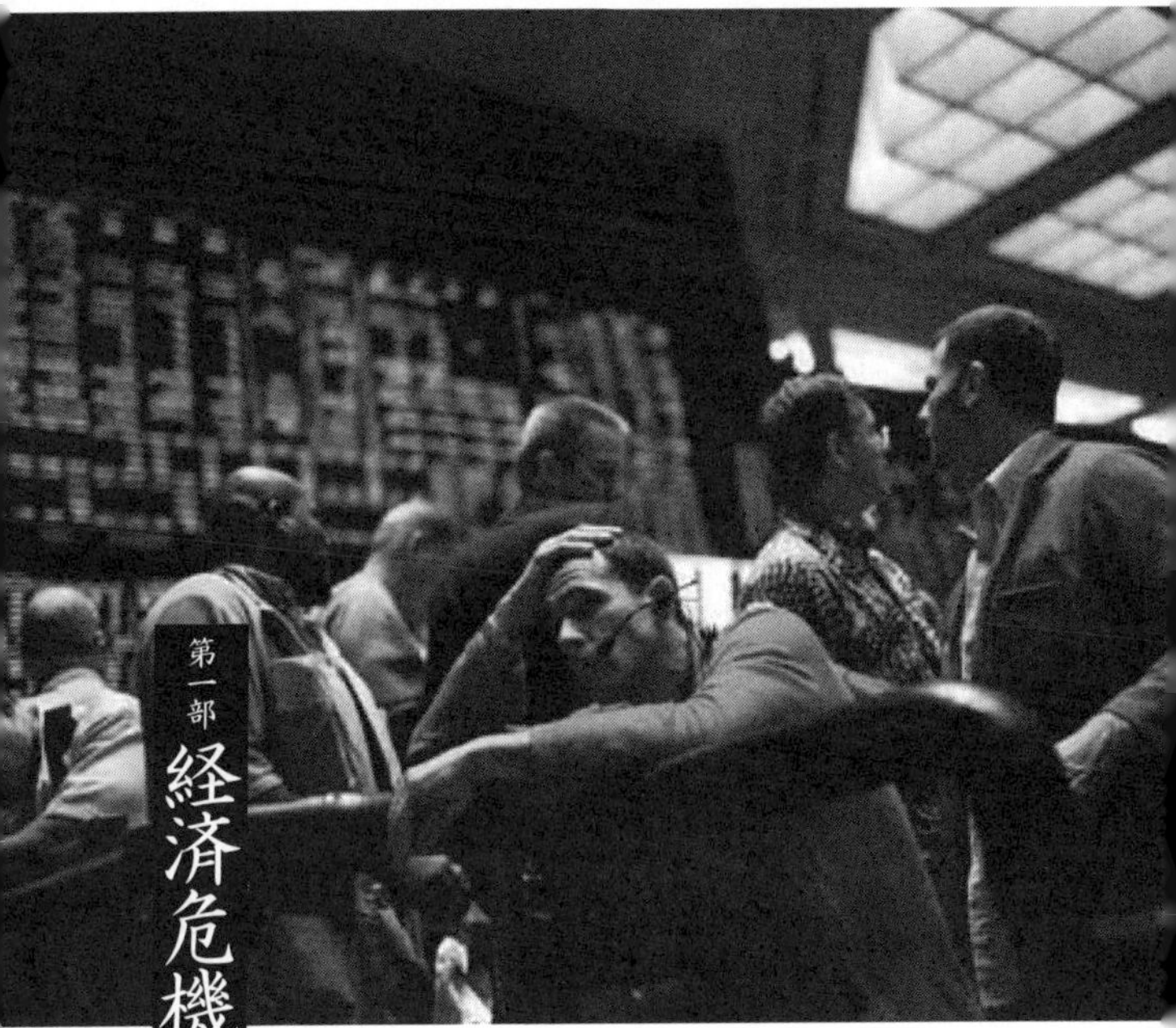

第一部

経済危機と資本主義

第一章　なぜ経済危機は繰り返し起こるのか

1　世界経済危機の犯人

†ルーカスの過信

一九二九年に世界大恐慌が発生して以来、八〇年近くもの間、先進国すべてを巻き込むような世界経済危機は発生していませんでした。もちろん、中南米・北欧・日本・東南アジア・ロシアというように、地域的な金融危機はしばしば発生していたのですが、これは先進国やIMFなど国際金融機関の協力により、全世界規模にまで波及することはありませんでした。

このことで、経済学者の多くは市場に対する信頼を強めたようです。岩井克人（二〇〇九）によれば、二〇〇三年、アメリカ経済学会の会長であったシカゴ大学のロバート・ルーカスは、

「マクロ経済学は成功した。恐慌を阻止するというその中心的問題は、事実上解決されている。いや、すでに数十年にわたって解決されてきた」と講演しました。

つまり、マクロ経済学が新しい知識・技術を提供したことによって、各国の危機対応能力が高まったので、もはや世界大恐慌は発生しないと彼は考えたのでした。このルーカスという学者は、米国のレーガン政権時代に頭角を現わし、市場のはたらきに強い信頼をおく新古典派経済学のチャンピオンとして、長らくアメリカ経済学界に君臨した人です。一九九五年にノーベル経済学賞も受賞しました。

ロバート・ルーカス

しかし、この講演のわずか四年後の二〇〇七年に、米国のサブプライムローンが破綻し、「一〇〇年に一度」の世界経済危機が到来したのです。市場に対する人々の信頼は、この危機によって、あっという間に吹き飛んでしまいました。

†探偵スティグリッツの犯人探し

経済学者のスティグリッツ（二〇一五）は、「ある殺人事件の考察——誰がアメリカ経済を

ジョセフ・E・スティグリッツ

殺したのか？」で、今回の経済危機の犯人探しをしています。

まず、彼によれば主犯は銀行です。リスクの専門家とみなされる銀行は、リスクを評価しなかっただけでなく、自らリスクを創り出しました。具体的には、住宅ローンを組み込んだ金融商品（サブプライムローン）について、不動産価格が下がったときのリスクを過小に評価して、元手が三〇倍になるような過剰なレバレッジ（てこの原理のこと。少ない資金でも大きな取引ができるようになる仕組み）をかけたのです。

このため、年金基金などの投資家は高いリターンにつられ、リスクの高い商品に飛びつきました。また、銀行の幹部社員に会社の株を与え、やる気を出させるストックオプション（企業の役員や従業員が、一定期間内にあらかじめ決められた価格で、自社株を購入できる権利）制度は、逆に幹部が粉飾会計を行い、利益をでっちあげ、会社の株価をつり上げて過大な報酬を得る行為を誘発したのです。

さらに彼の推理によれば、七人もの共犯者が存在するというのです。

第一の共犯者は、信用格付会社です。彼らは、本来であれば信用が極めて低いFランクのサブプライムローンを、年金基金が安心して保有できる信用度の高いAランクの証券に変えてしまいました。この高い格付けのために、住宅市場にどんどんお金が流れ込み、住宅バブルを拡大させてしまったのです。

第二の共犯者は、住宅ローン会社です。彼らは、借りる際に書類審査を必要としないローン（スティグリッツは「嘘つきローン」と呼んでいます）や、元本を支払わない変動金利型ローン、自宅の価値から負債を引いた正味資産価値を担保に金を借りるローン（ホーム・エクイティ・ローン）、といった新商品を開発しました。知識と経験のない低所得者が、このようなローンに飛びついてしまいました。

第三の共犯者は、金融の監督官庁です。金融を規制する担当者たちは、新商品に固有なリスクを独自に評価せず、自主規制に任せたり、信用格付会社にゆだねてしまいました。彼らは住宅バブルの崩壊が金融システムや経済全体を危機に陥れる「システミック・リスク」に関心を払っていなかったのです。

第四の共犯者は、様々な法律です。一九二九年の世界恐慌の反省を踏まえ、銀行業務と証券業務を切り離したグラス＝スティーガル法の撤廃は、商業銀行に思慮深さを失わせ、リスクの高い業務に進出させました。また独占禁止法が厳しく執行されなかったため、銀行は「大きくて、つぶせない」規模にまで膨張してしまいました。さらにコーポレート・ガバナンス（企業統治）の法律も、最も問題の多いストックオプション制度を、規制対象からはずしてしまったのです。

第五の共犯者は、政府の減税政策です。ジョージ・W・ブッシュ政権とクリントン政権により、キャピタルゲインに対する減税と、利子の支払いを課税対象から差し引く制度が実施されたため、住宅の所有者はできる限り高額なローンを組んで、住宅・土地の値上がり益でもうけようと考えてしまいました。

第六の共犯者は、経済学者です。ルーカスのような新古典派の経済学者は、市場の関係者は誰もが完全な情報をもっている、市場では完全な競争が行われている、市場は完全であり欠陥はない、といった非現実的な前提に立っていました。ならば市場に対する規制は不要となり、これは金融市場関係者には大変都合のいいものでした。むろん、新古典派に対抗する経済学者たち（スティグリッツもその一人です）は、金融市場における情報は決して完全でなく、貸し手と借り手でも情報量に格差があり、市場にも合理的でない面が存在する、と忠告していましたが、そのような忠告は無視されてしまいました。

第七の共犯者は、アメリカの政治制度です。アメリカの政治家は、選挙資金を提供してくれる企業のいいなりになる傾向があります。ウォール街の金融関係者は、この制度を通じて規制を骨抜きにし、規制に反対する人物を、規制を担当する高官に指名してきたのです。

このようなスティグリッツの分析は、確かに今回の世界経済危機の個別原因を的確にとらえたものと言えるでしょう。ただ、私はなぜ一九二九年の世界恐慌の反省があるにもかかわらず、このような世界経済危機が繰り返されたのか、その根本的原因は、特にアングロサクソン世界を中心とした、市場の完全性や市場関係者の合理性に対する過信にあるのではないか、と思われるのです。

この過信があるがゆえに、「政府が規制緩和を進めれば進めるほど、市場は完全に機能するようになり、資源は合理的に配分され、経済はよりよく発展し、人びとはさらに幸福になるはず」という「仮説」がしばしば横行し、過度な規制緩和が行われ、人びとの富への欲望を喚起し、非理性的な投機行為を助長しているのではないでしょうか。

この問題を鋭く追及したのが、ガルブレイスです。

2 『バブルの物語』

†バブルの一般法則

制度学派という経済学の異端派の代表選手である、ジョン・ケネス・ガルブレイス（一九〇八—二〇〇六年）が著した『バブルの物語』は、オランダのチューリップ危機から日本の不動産バブルまでの、世界各国のバブルの歴史を簡略に紹介しています。同時に、ここには二〇〇七年以降の世界経済危機を考えるうえで、重要な示唆が多数含まれているのです。

まず、金融に関する人びとの記憶の持続期間は極度に短い、ということです。ガルブレイスは、「人間の仕事の諸分野のうちでも金融の世界くらい、歴史というものがひどく無視されるものはほとんどない」と述べています。このため、金融上の大失態があっても、それは素早く忘れられてしまいます。さらにその結果として、同一、またはほとんど同様の状況が数年のうちに再現されても、それは、新しい世代からは、金融および経済界における輝かしい革新的な発見であるとして大喝采を受けるのです。こうした新しい世代は、おおむね若い人たちであり、常に極めて自信に満ちた人たちです。

日本の例を考えてみましょう。日本では、一九六〇年代半ばに証券バブルがはじけ、深刻な不況が発生しました。山一証券は倒産の危機に瀕し、日本銀行の特別な資金融通によってかろうじて破綻を免れたのです。しかし、結局山一証券は八〇年代後半からのバブルとその崩壊を経て、九七年に結局破綻してしまいました。なぜ、山一証券は同じ失敗を繰り返したのでしょうか。

当時の証券業界を取材していた永野健二は、その著（二〇一六）で、八〇年代の山一証券首脳が、一時は法人営業に依存する経営体質から脱却しようとしていたにもかかわらず、証券市場が過熱すると、法人顧客に対する利回り保証によって資金を集め運用する「営業特金」の販売にのめり込んでいったと指摘しています。

六〇年代に山一の経営危機をもたらした金融商品は、投資信託でした。今回は営業特金という新商品だから問題ない、と考えたのでしょう。永野は、「バブルの時代には、信用創造を拡大しているだけなのに、なにか革新的な金融のように世の中に受けとめられるものが出現する」という、日本の格付けの先駆者三国陽夫《あきお》の言葉

ジョン・ケネス・ガルブレイス

を紹介しています。

第二に、世間には、金と知性とが一見密接に結びついているかのような錯覚が存在します。つまり一般の人びとには、ある人の所得や資産が多ければ多いほど、彼の経済や社会に対する考えは深くしっかりしており、彼は頭がいい、と考える強い傾向があるのです。金持ちは、しばしば自信たっぷりの素振りを見せますので、こうした見方は一層強められることになります。

金持ちから「あなたは、金融というものについては全くわかっていないらしい」と言われてしまうと、いかにも自分が素人で頭が悪いような気がしてしまい、多くの人は沈黙を余儀なくされます。しかしガルブレイスに言わせれば、本当のところ、人びとが、金融に対する記憶の持続が短く、バブルの歴史に無知で、カネもうけがうまいのは頭がいいしるしだという錯覚に陥りやすいために、金融で成り上がった金持ちをえらいと勘違いしているのです。

第三に、バブル発生の際には、金融の天才が現われます。投資する一般大衆は、金融の才能のある偉人に魅惑され、その虜になってしまうのです。なぜそのように魅惑されるかと言えば、それは、その金融操作が非常に大がかりだからです。人びとは、巨額の金がかかわっていると、それを動かす人の頭脳も偉大であるに相違ないと信じ込んでしまう傾向があります。投機が崩壊した後になって、初めて真相が明らかになってくるのです。

日本の一九八〇年代後半のバブルの時代、大阪ミナミに尾上縫《おのうえぬい》という料亭の女将がいました。

この人は占いを得意とし、株式相場がよめるということで、「浪速の女相場師」と呼ばれ、一時は多くの証券や銀行の営業マンが朝から彼女の料亭におしかけて、彼女の「お告げ」を拝聴していました。彼女の事件がとくに注目を集めたのは、当時銀行界で圧倒的な権威をもっていた日本興業銀行を巻き込んだことです。

彼女は、株売買で設けた資金で興銀の発行する割引金融債「ワリコー」を大量に買い付け、個人としては興銀の最大顧客となっていました。当時興銀は、大企業の設備投資資金を融資する長期信用銀行としての限界を意識し、個人顧客の開拓を焦っていました。そこに尾上は目をつけ、自分の信用を高めるために興銀を利用したわけです。彼女は買い付けたワリコーなどを担保に、銀行や多くのノンバンクから借入れを行い、さらに証券投資を行っていました。

しかしバブルがはじけると、担保として差し入れた有価証券の価値が下落しますから、ノンバンクからは担保の追加を要求されます。追い詰められた彼女はその場しのぎとして、巨額の偽造預金証書を共犯の東洋信用金庫の支店長に作らせ、ノンバンクに差し入れていましたが、ついにはそれが発覚し、九一年八月、金融詐欺事件の主犯として逮捕されてしまったのです。偽造預金の金額は三四〇〇億円を超え、当時としては戦後最大の金融犯罪となりました。

筆者はこの事件が発覚した当時、信用金庫担当の課長補佐でしたので、東洋信用金庫の最終処理に一年間忙殺されました。結局、東洋信用金庫は元々三和銀行の傘下にあったこともあり、三和が本店を救済合併し、支店は職員ごとそっくり大阪の各信用金庫に分割譲渡されることになり、大阪でも比較的大手だった東洋信用金庫は解体され消滅してしまったのです。

尾上のしでかしたことは、一つの信用金庫を消滅させ、ノンバンクに多大な被害を与え、興銀の信用を大きく傷つけるなど、決して許されることではありませんが、筆者の見るところ、彼女が株取引に本格的に手を出したとき、天才のようにほめたたえて取引拡大を促したのは証券会社や銀行の人間であり、しょせん彼女も金融機関に踊らされていたのです。

第四に、バブルが終了するときには、耳元でのささやきのような小さな音ではなく、常に大音響によって終わるのです。いったん地価や株価の反落が起こると、投機に参加していた人々は、いち早く逃げ出そうと一斉に動き始めます。その結果、パニックが拡大していくのです。それは、まさに映画「タイタニック」の沈没シーンのような光景と言えましょう。

第五に、バブル拡大の背景には人びとの金融への無知・強欲と、市場の不完全性があるという真実は、ほとんど無視されてしまいます。バブルが崩壊すると、いつも決まって、怒り、批難、そしてぎくしゃくとした自己反省が巻き起こります。その怒りは、ついこの前まで金融界をリードし、人びとから最大の尊敬を得ていた個人に集中しがちです（二〇〇八年のリーマン・ショックの際には、人々の怒りは投資銀行のトップやグリーンスパン元FRB議長に向かいました）。さらにまた、以前には大いに称賛を得ていた金融の方法や慣行が厳しい検査の対象となり、金融に対する規制や改革の話がもち上がります。

しかし、ガルブレイスによれば、そのさい論議の的にならないのは、投機それ自体、またはその背後にある人びとの異常な楽観主義だと言います。なぜでしょうか？　彼はその理由を二つ挙げています。

まず、社会全体や金融界全体に原因があるということにすると、多数の人はうぶで愚鈍、金融界はこうした無節制な過ちを犯すほど能力が低い、ということとなり、「知性は金につきもの」という仮定が覆ってしまうからです。金融機関のトップにしても、庶民にしても、自分は愚かだとは認めたくないのです。

次に、古典的な経済学の考え方では、市場自体に過ちの種が内蔵されていて、その内部的な力で市場が動かされるとは考えられていないためです。伝統的なエコノミストは、市場そのものに欠陥があるとは認めたくないのです。

†バブルから身を守る方法

ガルブレイスは、金融上のいかがわしいこと、または大衆の相場への熱病を規制によってなくしてしまうことは、実際上不可能であると考えます。そこで彼は、投資家がバブルから身を守る唯一の方法は、徹底的に疑ってかかること（高度な懐疑主義）だとします。具体的には、次の二つを肝に銘じておくことです。

第一に、ある人が巨額な金を得て、それをうまく運用・管理しているように見えても、そのこととその人の頭のよさとは無関係であると考えるのです。むしろ、金と密接にかかわっている人たちは、ひとりよがりな行動や、ひどく誤りに陥りやすい行動をすることがありうるし、さらにはそういう行動をしがちなのです。

第二に、世の中にあまりに明らかな楽観ムードがあれば、それはおそらく人びとの愚かさの表われだと考えるのです。興奮したムードが市場にひろがったり、投資の見通しが楽観ムードに包まれるような時や、「だれだれの特別な先見の明に基づく、独特のもうけの機会がある」という主張がされるような時には、良識あるすべての人はかかわらない方がよいのです。ガルブレイスは、「これは警戒すべき時なのだ」と言っています。

八〇年代後半の日本のバブルでは、地道に営業している個人商店主に対して、よく銀行が「ここを建て替えて貸しビルにすれば、たちまちあなたはビルのオーナーとして金持ちになりますよ。所有されている土地を担保に必要な資金を、うちで融資させていただきます」と、甘い話をもちかけてその気にさせ、一時期は「ペンシルビル」と呼ばれる、細長い貸しビルがあちらこちらに建ちました。

しかし、バブルがはじけたとたん銀行は追加担保を厳しく要求し、結局多くの個人商店が破産してしまったのです。池井戸潤原作の銀行を舞台としたテレビドラマでは、しばしば「銀行は晴れの日に傘をさし出し、雨の日に傘を取り上げる」というセリフが出てきますが、銀行のみならず自称「金融のプロ」が、あまりにおいしい話をもってきたときは、まず疑ってかかるべきなのです。

3　資本主義の不安定性

ここでは、資本主義が貨幣経済であるがゆえに、本質的に不安定であることを述べた、岩井克人の議論をみていくことにします。が、まず小説を一編紹介しましょう。

†『小さな王国』

谷崎潤一郎の小説のなかでも極めて異色の作品として、「小さな王国」(一九一八)という短編があります。この話は、マネーの本質をよくついています。

主人公の貝島昌吉は、三〇代後半のベテラン小学校教師です。彼は元々東京で勤務していたのですが、六人の子供と老母を抱えての東京の暮らしは苦しく、妻が七人目の子を身ごもったのを契機に、東京近郊のG県M市に転勤しました。新しい職場での貝島の評判は上々でした。

しかし二年目の春、彼の受け持っている尋常小学校五年クラスに、沼倉庄吉という風采の上がらない子供が転校してきました。ところが沼倉は、転校してさほど月日が経たぬうちに、持ち前の勇気・寛大さ・義侠心によって、クラス全体を完全に掌握してしまったのです。そこで老練な貝島は、沼倉を懐柔し利用することで、クラスの秩序を向上させようと考えました。果たして、沼倉の厳しい監視により教室の風紀は著しく改まり、私語をする生徒はいなくなりました。貝島は得意でした。

しかし、その裏で沼倉の王国が形成されていたのです。彼は共和国大統領に就任すると、秘密警察（小説では「探偵」）を組織し、生徒の素行を徹底的に監視させました。官僚機構も整備され、副大統領・大統領補佐官・大統領顧問官・裁判官・監督官・秘書官・その副官・高官の従卒ほか様々な係が設けられました。そして、ついに大蔵大臣が任命され、共和国通貨を発行することになったのです。

紙幣は、五〇円から一〇万円まで印刷され、大統領が「沼倉」の印を捺して初めて効力を生じます。全ての生徒は役の位に準じて、大統領から俸給を受けました。月俸は大統領が五〇〇万円、副大統領が二〇〇万円、大臣が一〇〇万円、……従卒が一万円といった具合です。そして授業が終わると市が開かれ、各自の所有品が共和国紙幣で売買されました。さらに貨幣に関する法律が制定され、両親から小遣いを貰った者は、全てその金を物品に替えて市場に運ばねばならず、やむを得ない日用品を買う以外は、共和国紙幣以外の通貨の使用が禁じられたのです。

この結果、家庭の豊かな子供は物品の売り方にまわり、貧乏な子供でも、共和国でしかるべき務めを果たせば、共和国紙幣が大量に手に入るので、小遣いに不自由しなくなり、欲しい物はほとんど市場で手に入るようになりました。次第に共和国人民の富は平均化されていったのです。

これを知った貝島は生徒を叱りつけ、何とかこの制度をやめさせようとしますが、皆が「善政」と思っている通貨制度を廃止することはできませんでした。それどころか、彼の七人目の赤ん坊は病気がちで、彼の妻は出産後肺結核にかかり乳が出なくなりました。老母も持病の喘《ぜん》息《そく》が悪化し、二人の病人の治療代で、貝島家の生活は東京時代よりも苦しくなりました。貝島は、公私の面でどんどん精神的に追い込まれていったのです。

そしてある日、給料日前なのに家にはついに一銭の金も無くなりました。赤ん坊は空腹に泣き叫ぶのですが、ミルクも底をついています。あてもなくふらりと外に出た貝島が河の土手を通りかかると、そこでは沼倉たちが市を開いていました。貝島は血走った目で口元には奇妙な笑いを浮かべながら、沼倉たちに語りかけました。

「さあ、一緒に遊ぼうじゃないか。お前たちは何も遠慮するには及ばないよ。先生は今日から、ここにいる沼倉さんの家来になるんだ。みんなと同じように沼倉さんの手下になったんだ。ね、だからもう遠慮しないだっていいさ。」

これを聞くと沼倉は、貝島に俸給として一〇〇万円分の共和国紙幣を渡しました。貝島はすぐに酒屋に行き、ミルクを買い求めると共和国一〇〇〇円札を店員に払いました。そのとき初めて彼は、自分が狂気に駆られていたことに気づいたのでした。

†「虚構」としての貨幣

この作品は、発表された当時、波紋をよびました。前年の一九一七年一一月にロシア革命が成功していたことから、吉野作造や伊藤整は、共産主義・統制経済との関わりでこの作品に論評を加えました。しかし谷崎自身によれば、これは小学校時代の体験に基づくものだということです。

この物語を読むと、今の人ならむしろ架空の通貨として世間を混乱に陥れた「円天」事件やビットコインを思い出すかもしれません。しかし、沼倉共和国紙幣にしても、「円天」・ビットコインにしても、本物の円にしても、その本質は変わらないと岩井克人（二〇〇六、二〇一五）は考えるのです。「貨幣が貨幣であるのはそれが貨幣として使われているから」であり、貨幣とは純粋に社会的な「虚構」（フィクション）であると言うのです。彼の主張を見てみましよう。

貨幣が貨幣であるためには、それが貨幣であるということ以外の何の支えも必要としません。それゆえ、家畜、穀物、奴隷、塩、茶、反物、実用金属、毛皮、干し魚、貝殻、といった耐久性のある商品ならば何でも貨幣になることができますし、何でも貨幣になってきたのです。それどころか、貨幣が貨幣であるためには、それは何も実際に生産されたり、消費されたりする商品である必要はありません。南の海に沈んでいる大きな丸い石盤でも、夏目漱石の顔が印刷された紙片でも、コンピューター・ネットワーク上の電子情報でも、それが貨幣とみなされているかぎり、貨幣として機能することになるのです。

実物経済だけの世界では、貨幣は存在しませんので、価格は商品と商品の交換比率（相体価格）で決まります。この世界では需要と供給は均衡しますが、貨幣が入ってくると事情は変わってきます。人びとはモノを買わずに取りあえず貨幣で保有しておいて、将来の消費に備えることが可能になります。つまり、貨幣が入り込んだ世界では、供給過剰・需要過剰が発生する可能性があり、それだけ経済の不安定性が増すのです。

しかも、貨幣は人びとが永久にそれを貨幣として受け入れてくれると考えている限りにおいて貨幣なのであり、たとえば激しいインフレーション（ハイパー・インフレーションがその代表です）が発生すれば、紙幣はたちまちただの紙切れになってしまうのです。

†資本主義と「差異」

岩井は、資本主義は「差異」（ちがい）から利潤を生み出す行為であると考えています。

商業資本主義の世界では、フェニキア人やギリシャ人は、村と村、都市と都市、国と国の隙間に入り込み、一方で安いものを仕入れ、他方で高く売ることによって、利潤を稼ぎました。二つの地域の価格の差異が、そのまま彼らの利潤となったのです。

産業資本主義の初期においては、資本家は実質賃金率を労働生産性より低く抑え、差異を生み出すことにより、利潤を得ました。しかし、農村の過剰労働力が枯渇すると、賃金がしだいに上がり始め、利潤を獲得することは難しくなったのです。

岩井は、「それゆえ、現代の資本主義が資本主義であり続けるためには、差異そのものを意識的に創り出していくほかはない。新技術の開発、新製品の導入、新市場の開拓と、たえず新たな差異を生み出さなければ利潤を得られない。新たな差異を生み出せないものは競争に敗れ、いま新しい差異もじきに古くなる。古い価格体系はたえず破壊され、新しい価格体系がたえず創造される」と説明しています。この新たな差異を生み出すことを、シュンペーターは「創造的破壊」（イノベーション）と名づけました。

たとえば、ブランド戦略は差異をコマーシャルによって作り出したものと言えましょう。有名化粧品や高級バッグは、おそらくその原材料費は大した金額にならないと思われますが、そこにブランド名を付けることによって一気に高く売れるのです。こういう場合、消費者は「値段が高いから、その品物を買う」わけです。

このように高額商品を身に着けて、自分が所属している社会階層の一ランク上にいるかのように自分を見せかけることを、米国制度学派のソースティン・ヴェブレン（一八五七〜一九二九）は、「顕示的（見せびらかしの）浪費」と呼びました。また、ガルブレイス（一九〇八〜二〇〇六）は、企業が宣伝や販売術を通じて、積極的に消費者の欲望を作り出す効果を「依存効果」と呼んだのです。

差異とは、売り手と買い手の情報の非対称性をも意味します。二〇〇七年のサブプライムローン問題は、投資銀行が金融工学を駆使して不動産市場と金融市場をつなぎ、金融商品をいたずらに複雑化することにより、意図的に差異（情報の非対称性）を創り出した結果にほかなりません。とすれば、世界経済が回復しても、資本主義はまた別の分野で新たな差異を創り出していくものと思われます。

4　知の巨人たちが見たアメリカ資本主義

二〇〇七年の世界経済危機は、アメリカから始まりました。冷戦の終結、ソ連・東欧社会主義の崩壊、経済のグローバル化、情報・金融のイノベーション、という流れの中で、アメリカ資本主義は一時世界を席巻するかに見えました。それが突然破綻したのです。

ここでは、アダム・スミス、ウェーバー、ケインズ、シュンペーターといった、アメリカを母国としない「知の巨人たち」が、急速に台頭するアメリカを外国人としてどう眺めていたかをみてみましょう

†アダム・スミス

①「恐るべき帝国」

アダム・スミスが生きた時代（一七二三―九〇）は、アメリカ植民地が独立戦争を起こし、最終的に独立を勝ち取った時代でした。スミスは『国富論』において、独立戦争への二つの対応策を示しています。

一つは、本国の植民地への課税権は維持するものの、その代わりに植民地の本国議会への代表権を認めるという条件で、植民地と和平を結ぶというものです。

しかし、これには大きな問題がありました。スミスは、アメリカ植民地が、広大な土地と豊富な天然資源を背景に急速な経済発展をとげ、将来「恐るべき帝国」になると予見していました。

そして一世紀もたてば、アメリカの納税額がイギリスの納税額を上回るようになり、したがってアメリカ代表の議員がイギリス議会の主導権を握ることになります。そうすれば、いずれ帝国の首都もアメリカの政治中心地に移され、大英帝国は実質的にアメリカ帝国となり、イギリスはアメリカ帝国の一属州となる覚悟が必要だとしたのです。

そこでスミスは、第二の選択肢であるアメリカ植民地分離案が、大多数のイギリス国民のためにも望ましい選択だと主張しました。彼は、新興のアメリカ資本主義がいずれイギリス資本主義を追い抜き、世界を席巻することを正確に見抜いていたのです。

アダム・スミス

② 「徳への道」と「財産への道」

しかし、スミスは必ずしも、富にあふれた社会を理想としていたわけではありません。彼のもう一つの代表作『道徳感情論』によれば、彼の考える幸福は、「健康で、負債がなく、心にやましいところがない」状態で生活できることでした。それ以下の富の水準であれば、人は世間から無視され、軽蔑されていると感じ、自尊心が傷つきます。しかし、それ以上の富を得ても、かえって心の平静は乱れ、幸福は増進しないと彼は考えたのです。

「賢い人」は、最低水準の富さえあれば、それ以上の富は自分の幸福に何の影響ももたらさないと予想します。逆に「弱い人」は、最低水準の富を得た後も、富の増加は幸福を増大させると考えます。この弱い人の富と地位への野心こそ、経済発展・文明社会の原動力であるとスミスは考えました。

しかし、このような野心は、ときに騒乱・動揺・強奪・不正を生み出しかねません。これは社会の秩序を乱すことになります。そこで、スミスは「徳への道」と「財産への道」を提起しました。「財産への道」は「弱い人」が選ぶ道であり、「徳への道」は「賢い人」が選ぶ道です。

普通の人間には「弱い人」と「賢い人」の両面があり、人は二つの道を同時に進みますが、人類のうちの大半は、富と地位を重視し崇拝する傾向があるため、「徳への道」の重要性を認めつつも、「財産への道」を進むことを優先させます。

しかし、「財産への道」を優先させるとしても、そのプロセスで同時に徳と英知を身につけていくのであれば、二つの道は一致します。富と名誉と出世を得るには他者との競争が必然となりますが、これが「徳への道」につながるフェア・プレイの精神によって行われるのであれば、社会の秩序は維持され、社会は「見えざる手」に導かれて繁栄するわけです。

スミスは、正義感によって制御された野心、および、そのもとで行われる競争だけが社会の秩序と繁栄をもたらすと考えていました。

③「体系の人」

またスミスは、『道徳感情論』の中で「体系の人」という面白い人間類型を提示しています。それは、現実の人々の感情を考慮することなく、自分が信じる理想の体系に向かって急激な社会改革を進めようとする者のことをいいます。

スミスによれば、「体系の人」は自分が非常に賢いと思いやすく、しばしば、自分の理想的な統治計画を完全に、あらゆる細部においてまで実現しようとします。そのためには、計画と対立するような大きな利害関係、あるいは計画への反感に対して何の注意も払おうとしません。このため、結果として社会を現状より悪くしてしまうのです。

これまでスミスは、欲望のおもむくままに人間が行動しても、市場メカニズムによって資源は効率的に配分され、経済は繁栄するという、非道徳的な「市場万能主義」を唱えた学者としてイメージされてきました。しかし、堂目《どうめ》卓生《たくお》（二〇〇八）が『道徳感情論』と『国富論』を結びつけて解釈したことにより、新たなスミス像が見えてきました。スミスの言う幸福の条件である「健康で、負債がなく、心にやましいところがない」状態というのは、確かに一般人にとっては最も望ましい状態といえるでしょう。二〇〇七年のアメリカにおけるサブプライムローン破綻は、つましく生きている低所得者に無理やり借金させ、住宅を買わせたことによる社会的悲劇でもありました。

確かにアメリカは強大な帝国となりました。そして、ベトナムやイラクへの侵攻のように、ときとして「恐るべき帝国」の姿をのぞかせてもいます。トランプ政権の誕生により、アメリカ帝国はさらにどのような変貌をとげるのでしょうか。

†ウェーバー

①訪米

スミスの予想どおり、その後アメリカ経済は急速な発展をとげることになります。その姿を目の当たりにしたのが、マックス・ウェーバー（一八六四―一九二〇）でした。彼は神経症療養中の一九〇四年にアメリカを旅しています。

当時ニューヨーク、シカゴは、急速に大都市化していました。彼はマンハッタン商業区の二一階建てのホテルになにか違和感を覚え、ブルックリン橋上から観た交通ラッシュ、完全に機械化されフル回転しているシカゴの大家畜処理場に驚嘆しました。そして、事件・犯罪が充満するシカゴを「まるで皮膚をはがれて、その内臓の動きが外から見える一人の人間のようです」と評し、妻に対しては「ごらん、近代的世界とはこんなもんだよ」と語ったのです。

②末人の登場

帰国後、ウェーバーは代表作『プロテスタンティズムの倫理と資本主義の精神』を執筆しました。

カルヴィニズム（プロテスタントの中のカルヴァン主義）は、「神の栄光」（つまり社会全体の富）を増大することを主張しましたが、そのために、利益追求型の近代的な経済秩序を作り上げていきました。また、カルヴィニストは、余計な飾り物をはぶき、効率・合理的・清潔さを重視し、数学・物理学を尊びました。これは、フォードに代表されるような規格大量生産の時代をもたらしたのです。

マックス・ウェーバー

しかしこの秩序は、機械による大量生産によって決定されるものであり、ウェーバーは、やがて人びとは「鉄の檻」の中で、物質的な富に圧倒的に支配されるようになると考えました。彼は、「営利追求の最高の発達を示している」当時のアメリカでは、すでに営利追求行為に宗教的・倫理的な意味が失われていることを見て取っていました。そのうえで、アメリカの将来の可能性について彼は、新しい預言者の出現や、古い観念や理想の力強い復興が起こらなければ、壮大な「機械の化石化」が起こる、とします。

そして、文化発展の最後に、「末人」が現われます。これはドイツの哲学者ニーチェの著作から借りた用語ですが、この末人とは、「精神のない専門人、心情のない享楽人」であり、自分がかつて達したことのないレベルにまですでに上りつめた、とうぬぼれるような、無内容な存在だとしたのです。

かつてウェーバーは、ヨーロッパに対するアメリカ資本主義の優越性を説いた学者としてイメージされていました。しかし、山之内靖(一九九三、一九九七)が、アメリカ資本主義の将来に強い懸念を抱く新たなウェーバー像を提示し、ウェーバーに対する評価も変わってきています。第三章で述べますが、ウェーバーは古代ギリシャ・ローマに見られるような、高潔な倫理感をもった「戦士市民」によって資本主義は担われるべきだと考えていました。

これは、リーマン・ショック時に明らかになった、アメリカの大企業や投資銀行のトップ経営者とは、およそ異なるものです。「戦士市民」ではなく、「末人」によって金融資本主義が運営されたことが、アメリカの悲劇でした。

†ケインズ

①株式市場の不安定性

一九二九年、アメリカに始まった恐慌は世界中に広がりました。この時代を生きたケインズ（一八八三―一九四六）は、その著『雇用・利子および貨幣の一般理論』において、株式市場に不安定性があるとします。

ケインズ

私たちは将来を予測するとき、これまでの慣習をあてにしています。しかし、株式市場が一般化した経済では、慣習の不安定性を高める次のような要因が存在するのです。

まず、一般株主の株式市場に対する知識は著しく不十分です。第二に、投資物件のリターンの変動が、市場に対して過大な影響を及ぼします。第三に、慣習的な評価は、大勢の無知な群集心理によって作られたものですので、意見の突然の変動によって激しく変化してしまいがちです。第四に、プロの投資家や投機家は、投資対象の長期的な収益には関心はなく、三カ月先、一年先に、群集心理の圧力の下で、市場がそれをいかに評価するかに関心があるのです。

②カジノ資本主義

ケインズは、投機が株式市場に不安定性をもたらすことを強調しています。特にニューヨークでは投機の影響力は絶大であるとし、アメリカの投資家は「他人を出し抜く」こと、群集の裏をかき、粗悪な目減りした半クラウン貨を他の連中につかませることを目的にしていると指摘しています。

そして、「投機家は企業活動の堅実な流れに浮かぶ泡沫（バブル）としてならば、あるいは無害かもしれない。しかし企業活動が投機の渦巻きに翻弄される泡沫になってしまうと、事は重大な局面を迎える。一国の資本の発展がカジノでの賭け事の副産物となってしまったら、なにもかも始末に終えなくなってしまうだろう」と警告しているのです。

さらに、ロンドン証券取引所がウォール街に比べてまだ罪が軽いのは、場内仲買人（ジョバー）の利ザヤ、高率の売買手数料、大蔵省に納める重い移転税が、市場の流動性を十分に低下させ、ウォール街のような（カジノ的）取引の大部分を不可能にしているからだとしています。

③アニマルスピリット

ケインズは最後に、投機以外にも、人間性の特質に基づく不安定性があるとします。私たちの経済活動の大部分は、数学的な期待値に依存するよりは、むしろおのずと湧き上がる楽観的な見方に左右されています。これが、市場を不安定にするのです。この、何日も経たなければ結果が出ないことでも積極的にやろうとし、活動しないよりは活動に駆り立てる人間本来の衝動のことを、ケインズは、「アニマルスピリット（血気）」と呼びました。

このように、ケインズは市場が本来もつ不安定性に着目するとともに、アメリカ資本主義がカジノ資本主義化する危険性を見抜いていたのです。しかし、ケインズ経済学がアメリカに紹介されると、この部分がいつのまにか削除され、市場は本来合理的で安定したものであり、一時的に市場が動揺しても、ケインズの言う財政政策や金融政策を効果的に発動すれば、市場は再び理想的な状態に戻るという、市場至上主義者にとって大変都合のいい理屈に再構成されたのです。

これにより、一九二九年の大恐慌の原因を考え抜いたケインズの重要な指摘が無視される結果となってしまいました。二〇〇七年の危機の再来は、私たちにケインズ経済学の意味をもう一度考えさせる機会を与えたとも言えます。

シュンペーター

†シュンペーター

ケインズと同時代を生き、後半生をアメリカで過ごしたシュンペーター（一八八三－一九五〇）は、『資本主義・社会主義・民主主義』において、「資本主義は生き延びうるか」という問いを立てました。彼の答えは「ノー」です。その理由は二つあります。

①「所有と経営の分離」

これにより、企業をとりまく経済主体は、有給重役・支配人、大株主、小株主の三グループに分かれます。

彼によれば、有給重役・支配人は雇われ人の態度を取りがちであり、ほとんど自己の利益と株主の利益を同一視しようとしません。

他方、大株主は、たとえ会社と自分との関係を永続的なものと考え、利潤の最大化を強く主張したとしても、なおその気迫は企業オーナーの機能や心構えには及びません。

小株主は、しばしば冷遇されていると思い込んでいるために、ほとんど決まって「自分たち」の会社、さらには資本主義に対して知らず知らず敵対的な態度をとります。

こうして、かつての企業オーナーが有していた「『自分の』工場及びその支配のために、経済的、肉体的、あるいは政治的に戦い、必要とあればそれを枕に討ち死にしようとするほどの意志」（彼はこれを「企業家精神」と呼びます）は失われ、資本主義は衰亡していくとシュンペーターは予言したのです。

②少子化

シュンペーターによれば、一人っ子家庭が増加するにつれ、若者たちは「結局は年老いてからひどい扱いを受け、蔑まれることになるのに、どうして若い時分に自分の望みを抑え生活を苦しくしなければならないのか」と考えはじめます。

また「なによりも女房と子供のために働きかつ貯蓄しよう」という動機は失われ、自分さえ幸福であればいいという考え方が支配するようになり、人々はただ将来のために働くことを命ずる、資本主義的な倫理感をも失ってしまうと彼は考えたのです。

ここで紹介した「知の巨人たち」は、いずれもアメリカ資本主義の将来に不安を抱いていました。

†まとめ

スミスはアメリカ資本主義の「恐るべき帝国化」を予見しましたが、それと同時に『道徳感情論』では、経済が全体として発展し社会秩序が維持されるためには、市場参加者が「財産への道」のみならず「徳への道」を進む必要性を説きました。しかし、その後のアメリカは「賢い人」が消滅し、「体系の人」が説く経済学・金融工学に「弱い人」が惑わされ、「徳への道」を捨て、強欲が支配する「財産への道」をひたすら突き進んだように見えます。

また、資力のない者を騙し、無理やり借金させ家を建てさせる行為、「ハイリスク・ハイリターン」の金融商品を金融工学により、あたかも「ローリスク・ハイリターン」のように見せかける行為、その商品に平然と高い格付けを行う行為には、全くモラルは存在しません。

ウェーバーは、アメリカ経済の発展の先にあるのは、「うぬぼれた末人たちの資本主義」であると予感しました。二〇〇七年の危機でマネーゲームに狂奔した人々は、まさに「精神のない金融工学専門家、心情のない経営者」にほかなりませんでした。

ケインズは市場の不安定性・人間の非合理性を説くとともに、ウォール街の投機的体質に懸念を抱き、「カジノ資本主義」がもたらす危険を説きました。しかし、アメリカ資本主義はこれに耳を貸さず、市場と人間の合理性を過信し、レバレッジを吊り上げ、カジノ資本主義へと急速に変質していきました。

シュンペーターは「所有と経営の分離」により、経営者が自分の企業に対する強い倫理的責任感・企業家精神を喪失するという形で、資本主義の衰亡を予言しました。自家用ジェットを乗りまわし巨額の報酬をむしりとる投資銀行の経営者に、自分の企業に対する強い倫理的責任感・企業家精神があったとは、とうてい思われません。また少子化は、アメリカではまだ顕在化していないものの、全世界を覆いつつあり、若者の就職機会・就職意欲の喪失は社会問題化しています。

今回、アメリカで発生した金融資本主義の破綻は、彼らの懸念・予感が正に重なり合って実現化した結果といえます。とすれば、この問題は単なる政策的な対症療法では再発を防ぐことはできず、市場参加者とりわけ経営者の失われた倫理感をどう取り戻していくかが問われているのです。資本主義が倫理的・精神的基礎の上に新しいモデルを再建するのでなければ、次の危機はさらに大きな形で襲来することになるでしょう。

現在、「フィンテック（ＩＣＴを使った革新的な金融サービス）」という新しい金融技術が話題となっています。日本ではビットコインという仮想通貨をきっかけに、これが知られるようになりましたが、これはフィンテックの一部に過ぎません。フィンテックが進展すると銀行の支店の多くが不要となり、他業種からの金融への参入が容易となって、金融システムは一変してしまう可能性があります。日本銀行も二〇一六年から、フィンテックの本格的な検討を開始しました。

中国は現在、金融の自由化・国際化を進めており、金利規制が緩和され、人民元レートの変動幅も拡大されています。このため、中国金融の現状は日本の一九八〇年代に似ていると指摘されています。しかし、他方において中国では、すでに新興企業であるアリババやテンセントがフィンテックの分野を急拡大しており、都市の人びとはすでに財布を持ち歩かなくても、スマホさえあれば商品やサービスが自由に購入できるようになり、農村においてもEコマースの広大なネットワークが広がっています。

フィンテックの面で、中国は日本の先を行っていると言われますが、そこに潜んでいるリスクや消費者保護の問題が十分に検討されているとは言えません。サブプライムローンは金融工学を駆使することにより、売り手と買い手の情報の「差異」を生み出しましたが、フィンテックは、その仕組みが数学の専門家でないとなかなか理解できない難解なものであるため、これまで以上に情報の「差異」を生みだすことになり、これが危機の引き金になるかもしれないと、筆者は危惧しています。

中国人はもともと投機が好きですから、フィンテックを利用した大型金融犯罪が行われる可能性もあり、その意味で次の金融危機発生の場は、あるいは中国かもしれません。

5 企業経営と倫理

†プロ意識の重要性

資本主義経済が拡大するなかで、所有と経営が分離していくことはある意味で必然とも言えます。しかしながら、シュンペーターが危惧したように、資本主義の大国であるアメリカの経営者は、自分の会社がどうなろうと全く意に介していないように見えました。株をもたせて責任を負わせようとすれば、エンロン事件（米国のエネルギー会社エンロンが起こした不正会計事件。二〇〇一年に巨額の粉飾決算が発覚し倒産）のように粉飾決算を行い、却って一般株主に被害を与える始末です。つまり、アメリカの経営者たちは「企業家精神」「アニマルスピリット」を失ったばかりか、「強欲」に取りつかれてしまったのでした。

アダム・スミスは、上流階級はしばしば「徳への道」を踏み外しますが、職業的なプロ意識をもった中下流階級の人間は、「財産への道」と「徳への道」を同時に達成する可能性があると考えていました。彼は、すべての中流および下流の専門職においては、真実で手堅い専門職の能力が、慎慮、正義、不動、節制の行動と結びつけば、成功しそこなうことは、めったにない、としています。

とすれば、アメリカの経営者や格付け機関関係者は、なまじ富を得て上流階級に昇格したために、プロ意識を失い、「徳への道」を踏み外したのでしょう。

†「信任」の問題

岩井克人（二〇一五）は、会社の経営者は株主の代理人ではないとします。会社は法人であり、法人とはヒトではないのに法律上ヒトとして扱われるモノのことです。しかし、会社は現実にはモノにすぎませんから、現実の資本主義社会でヒトとして経営を行うためには、会社の代わりに、意思決定し、資産を管理し、従業員に指示を与え、法律家に助言され、取引先を訪問し、契約書に署名する生身の人間が絶対に必要となります。それが「経営者」です。そして岩井は、会社の経営者とは会社と「信任関係」にある人間だとします。

岩井は、信任関係を「一方の人間が他方の人間のために一定の仕事を行うことを信頼によって任されている関係」と定義します。たとえば、意識のない緊急患者が小さな病院の救急病棟に運ばれてきた場合、夜勤担当の医者は患者と契約を結んでいなくても緊急手術を行います。

ここでは、意識のない患者は事実上の信頼によって、自分の生命を救う仕事を救急病棟の医者に任せています。つまり、医者は患者と信任関係にあるのです。

さらに、通常の患者と医者の関係であっても、患者と医者の間には、専門的な知識や情報に関して絶対的な非対称性が存在しますから、少なくとも部分的には、信頼によって自分の身体や生命を医者に任さざるを得ません。同じことは、依頼人と弁護士、投資家とファンドマネージャー、生徒と教師、技術ユーザーと技術者といった非専門家と専門家との関係についても言えます。たとえ契約関係であっても、専門的な知識や情報が必要な分野では、非専門家と専門家の間には、必然的に信任関係が入り込むことになるのです。

岩井は、信任関係は、信任を受ける者が、信任を与える者に対して「忠実義務」を負うことによって維持されていると考えます。ここで言う「忠実義務」とは、一般に「一方の人間が他方の人間の利益や目的のみに忠実に一定の仕事をする義務」と定義されます。経営者と会社の関係で言えば、経営者は、報酬を引き上げたい、財界での地位を高めたい、情報操作によって自分のストックオプションの価値を高めたい、と思っていても、自己利益の追求は必要最小限に抑えて、会社の利益向上に忠実な経営を行う義務を負っているのです。

理想としては、忠実義務は社会の中の個々人の倫理性で維持することが望ましいのですが、倫理は経済活動の中でしばしば無視されます。このため、古今東西、専門家集団は、職業倫理を広めることによってそのメンバーに忠実義務を守らせるように努力してきました。医者の「ヒポクラテスの誓い」はその代表例です。しかし、このような職業倫理も、一部の心なき専門家が非専門家からカネをだまし取ることを防ぎきれません。

そこで法律により、忠実義務を強制することになります（この法律は「信任法」と呼ばれます）。たとえば経営者が忠実義務を怠ると、背任罪として刑務所に送られる場合がありますし、英米法では、忠実義務違反者は不当に得た利益をすべて原告に支払わなければなりません。

†結びにかえて

これまでに見てきたとおり、市場による自由競争だけでは、経済社会の全面的発展は生まれません。人びとはただ財産の獲得を目指すのみならず、道徳・職業倫理を身につける必要があるのです。道徳・倫理の伴わない資本主義は、「精神のない専門人・心情のない享楽人」である「うぬぼれた末人」や、スミスのいう「体系の人」の支配する世界となり、格差の拡大と社会の無秩序をもたらすことになります。二〇〇七年のアメリカの経済危機は、まさに倫理観の喪失から発したと言えましょう。

ケインズが指摘するように、本来貨幣経済に不安定性が内在するとすれば、金融が主導する資本主義は一層不安定性が増幅されることになります。そこにモラルがなく、強欲だけが支配すれば、経済の破綻は必然だったと思われます。

危機が発生してすでに一〇年が経過しましたが、アメリカ経済が一定の立ち直りを見せるなか、ヨーロッパ経済や新興国経済は不安定さが増しており、世界経済はまだ完全にはダメージから立ち直っていません。むしろ最近では、アメリカやイギリスの「自国経済最優先主義」が世界に広まる気配を示しており、自由貿易体制自体が存続の危機にさらされているように見えます。

このようなポピュリズムの台頭は、これまで先進国経済を指導してきた支配層が「うぬぼれた末人」や「体系の人」の集団であり、仮に指導者が交代しても彼らによる富の集中・独占に変化がないことを、中所得層の人びとが見抜いてしまった結果とも言えましょう。しかし、新しい指導者により再建される資本主義が、単に自国の中所得層にこびを売り、彼らの経済的欲望を満足させるだけであれば、国内面でも国際面でも社会の分裂・解体が進み、経済は縮小の一途をたどることになりかねません。

イギリスのサッチャー政権の政策は、イギリス経済の復活をもたらし、アメリカのレーガン政権の政策は、冷戦の終結とソ連の解体をもたらしました。その意味では二人の指導者は歴史的に永く評価されるでしょう。しかし他方で、彼らの規制緩和や減税政策が市場至上主義を助長し、強欲に支配された金融資本主義の発展を加速し、貧富の格差を拡大して、二〇〇七年から今日に至る経済・社会の混乱を招くきっかけになったことも事実なのです。

社会の分断や詐欺行為による新たな犠牲者を生みださないよう、しっかりとした倫理的基礎を打ち立てるとともに、強欲ではなく新たなイノベーションにつながるような真の意味での「企業家精神」「アニマルスピリット」によって経済が力強く牽《けん》引されるのでなければ、仮に新政策により経済が一時的に立ち直ったように見えても、矛盾が内部で次第に拡大し、次の経済危機はさらに大きな形で襲来することになるでしょう。

第二章　日本型資本主義のケース——バブルと九七年危機

本章では、日本型資本主義の長期停滞のきっかけとなった、バブルと一九九七年の金融危機を振り返るとともに、世界的なバブルが崩壊した今、日本型資本主義が進むべき方向を考えてみたいと思います。

1　金融統制・金融鎖国

バブル発生の原因としてよく指摘されるのは、日本銀行の低金利政策です。しかし筆者は、バブル発生の要因は複合的であると思っています。バブルの発生プロセスで、無視できないのは、この時期に金融の自由化・国際化が急速に進行していたことです。

戦後から高度成長期まで続いていた金融統制・金融鎖国は、野口悠紀雄（二〇一五）が指摘するように高度成長に重要な役割を果たしました（第六章参照）。企業や家計の需要に対して総体的に不足していた資金を有効に配分するためには、統制（資金割当）が不可欠だったのです。金融統制・金融鎖国は次の形式で行われていました（詳細は、鹿野嘉昭〔二〇〇一〕参照）。

金利規制

戦後復興から高度成長の時期、預金金利は統制され、低く抑えられていました。貸出金利は直接統制されていたわけではありませんでしたが、日本興業銀行の優遇金利を中心に複雑な金利体系表が作られていたのです。これによって金融機関は安定的な利ザヤ＝利潤を確保することができましたし、企業はコストの低い運転資金・設備投資資金を調達することができたのです。家計にしても、高度成長によりたとえば一九六〇年代の名目賃金の上昇率は一〇〜一五パーセント程度でした。

この頃、預金金利は一年定期が一九五五―七四年で五〜六パーセント程度、当時の消費者物価上昇率は一九六五―七一年で五〜五・七パーセント程度でしたから、インフレによる目減り分を差し引いた実質的な預金金利はゼロに近かったのですが、それでも給与がどんどん上がっていたので、国民からは不満は出ませんでした。

†業態規制

資金需要別に、多種多様な金融機関が資金供給を担当していました。

①長短金融の分離

設備投資資金は中長期に貸出資金が固定されてしまいますので、金融機関側も長期で資金調達しないと期間リスクが発生してしまいます。このため、このような資金は長期信用銀行と信託銀行が担当していました。普通銀行ももちろん設備投資資金を提供してはいましたが、むしろ運転資金の安定的な供給が期待されたのです。

②銀行・信託の分離

原則として、一つの銀行が銀行・信託業務を兼営することは禁止され、信託業務を行える金融機関の範囲も、信託銀行七行・都市銀行一行・地方銀行二行に限定されていました。

③銀行・証券の分離

アメリカでは、一九二九年の大恐慌の際、銀行預金が株式投資に流用され預金者に損失を与えた教訓から、銀行業務と証券業務を厳しく分離するグラス＝スティーガル法が制定されていました。これに準じて、日本でも銀行による証券業務の兼営は禁止されていました。

④中小企業向けの専門金融機関

日本経済は、かねてから大企業と中小企業が併存する「二重構造」が指摘されていました。大企業の資金需要が旺盛ななかで、中小企業が資金供給から取り残されないように、相互銀行・信用金庫・信用組合が民間金融機関として中小金融を担当しました。また、政府系金融機関としては、中小企業金融公庫・国民金融公庫が民間金融を補完したのです。

⑤農業向けの専門金融機関

高度成長期において、もう一つ資金供給から取り残される恐れがあったのは農業でした。このため、農業協同組合が民間金融機関として農業金融を担当するとともに、政府系金融機関の農林漁業金融公庫がこれを補完していました。

†為替管理

一九四九年（昭和二四年）に制定された「外国為替及び外国貿易管理法」（外為法《がいためほう》）が、長期にわたり海外との資本のやりとりを原則禁止とし、日本経済の発展・成長必要不可欠なものに限って例外的に外資の導入を認めていました。これにより、金融面での鎖国が可能となり、国際市場と無関係に国内で低金利が維持されていたのです。

†縦割り行政

当時、証券業界は大蔵省の証券局が監督し、その他の金融業界は銀行局が監督していました。保険業界は銀行局保険部が監督し、生命保険は保険一課、損害保険は保険二課が担当していました。銀行局本体では、都市銀行・地方銀行・長期信用銀行・信託銀行は銀行課が監督し、相互銀行・信用金庫・信用組合・ノンバンクは中小金融課、政府系金融機関は特別金融課が監督していたのです。為替管理は国際金融局が担当していました。

金融業界は業態別に業界組織を作り、銀行局・証券局は業界組織や業界のトップリーダー的な金融機関と頻繁に意見・情報交換を繰り返しながら、行政の方向性を決定していたのです。

2　金融の自由化・国際化

†統制のゆらぎ

しかし、この精緻な統制の仕組みは、高度成長の終了とともに大きくゆらぐことになります。企業の資金需要が大きかったのは、企業が高度成長により急膨張していたからですが、高度成長が終了すれば企業の膨張も止まります。鉄鋼・造船など重厚長大型産業は、むしろ中成長に合わせた構造調整（スリム化）が必要となりました。こうなると大規模な設備投資のための資金需要はなくなってきますから、資金はむしろ余り気味になり、長期信用銀行の役割は不要となりますし、大企業と中小企業で細かく担当金融機関を分ける意味も失われてきます。

また、人びとの金利に対する意識にも変化がおこりました。経済が中成長に移れば、所得は以前のようには伸びなくなります。そうなると、手持ちの資金をいかに有利に運用するかが大切になってきたのです。

そこに一九七五年（昭和五〇年）から国債の大量発行が始まりました。二度のオイル・ショックと中成長への移行で税収が大幅に落ち込み、政府は経済を支えるため建設国債以外に赤字国債（特例公債）を発行せざるを得なくなったのです。国債が大量に発行されますと、これを引き受ける銀行等もいつまでも国債を保有しているのは重荷となりますから、一定期間後には市場に売り出すことになります。

これをきっかけに債券市場が急速に発達し、国債流通金利が市場によって決定されることになりました。国債流通金利の市場化が進むと、これは国債発行金利に影響してきます。流通金利を無視して発行金利を政府が勝手に決めても、価格暴落の可能性があり、銀行等は引き受けてくれませんから、国債発行金利の市場化が進んでいきました。

国債は国の借金ですが、金融商品という性格をも持っています。国債発行金利が市場化されると、証券会社はこれを組み込んだ投信信託を売り出しました。中期国債ファンドです。一九八〇年（昭和五五年）にこれが登場すると、同じ期間の定期預金よりも利回りが高かったため、預金から中期国債ファンドへ資金が流出しました。こうして預金金利規制は、しだいに市場の圧力によって崩されていったのです。

また、一九七三年に円相場が変動相場制に移行すると、国際的な資本取引自由化の声が高まり、八〇年には資本取引を原則禁止から原則自由とする（例外は色々ありました）、外為法の全面改正が実施されました。一方、米国は、日本の対米貿易黒字が大きいのは円安が是正されないからであり、金融統制が円相場を低く抑えているのだと考え、日本に金融の自由化・国際化を迫りました。

その交渉の場が日米円・ドル委員会であり、八四年五月に報告書が発表され、これには金融・資本市場の自由化・国際化が盛り込まれていました。こうして二つの「コクサイカ」（国債化・国際化）の圧力の下、金融の自由化・国際化が八〇年代に一気に進展することとなったのです。

このように書くと、日本政府は受け身で金融の自由化・国際化を進めたように見えますが、大蔵省の金融監督当局も、中成長・変動相場制への移行と国債大量発行の事態を受けて金融行政の転換は不可避と考え、七〇年代後半には新時代に合わせた金融行政の再検討が行われていました。八〇年には外為法、八一年には銀行法・証券取引法が改正されたのです。

たとえば、銀行法は一九二七年（昭和二年）以来大きな改正がありませんでしたが、八一年に全面改正され、このとき銀行でも国債の窓口販売が認められるようになりました。上述の円・ドル委員会報告書は、外圧を利用した改革の促進という面もあったと思われます。

†自由化・国際化の進展

預金金利はまず八五年（昭和六〇年）に大口定期預金金利の自由化からスタートし、次第に小口預金に波及し、九四年（平成六年）には流動性預金の金利も完全に自由化されました。

業態別規制の改革については、八五年から約六年の歳月をかけて、大蔵大臣の諮問機関である金融制度調査会において検討が進められ、九一年に最終報告書が取りまとめられました。この過程で、相互銀行の普通銀行への転換、業態別子会社（銀行子会社・信託銀行子会社・証券子会社）の設立方式による他業態への参入が認められ、九三年には金融制度改革関連法が施行されたのです。

当時、筆者は銀行局で、この中の信用金庫法等の改正を担当しました。信用金庫の場合、銀行に比べ経営規模が小さいので、自ら証券子会社を設立する体力はありません。そこで、信用金庫の預金をまとめて運用する全国信用金庫連合会（現在は、「信金中金」と名称を変えています）が証券子会社を持てることにしたのです。

当時、証券業界は銀行が証券業務に進出してくることに大変警戒していました。大銀行が本格的に証券業務を始めれば、あっという間に中小証券会社は淘汰されてしまうと考えられていたのです。子会社方式の相互参入は、自由化としては不徹底との批判もありましたが、当時としてはギリギリの妥協点でした。

続いて政府は、九六年（平成八年）には二〇〇一年（平成一三年）を最終期限として金融制度の抜本的改革を行うことを表明し（「日本版ビッグ・バン」と呼ばれました）、九八年には資本取引が完全自由化され、九九年には銀行・信託・証券の垣根が消滅しました。こうして金融の自由化・国際化は完成したのです。

3　バブルの発生

この金融の自由化・国際化の途中でバブルが発生・崩壊しました。八〇年代後半のバブルに関しては、最近次々に興味深い著作が刊行されており、詳しくは参考文献をご覧ください。筆者は、バブル発生にはいくつもの要因が含まれていると考えています。

†マクロ的要因

一九八五年（昭和六〇年）九月、先進五カ国の蔵相・中央銀行総裁による国際会議（G5）が開催され、国際的な協調介入によって過大評価されていたドル高を是正することが決まりました（「プラザ合意」と呼ばれます）。しかし、この介入は極端な円高を生み、一ドル＝二三五円だったドル・円相場は、八七年には一二〇円台と、円の価値は一挙に約二倍になってしまいました。

この急激な円高は輸出の鈍化を生み、八六年に一時的な景気後退をもたらしました。いわゆる「円高不況」です。このため、日本銀行は八六―八七年の二年間で五回公定歩合を引き下げました。財政面でも緊急経済対策が発動され、公共事業の増額が図られたのです。

しかし今日では、円高不況の底は八六年一一月であったことが分かっています。円高に対する日本経済の底力は想像以上に強く、八七年に入ると経済は回復軌道を歩み出していました。とすれば、八七年以降のマクロ経済政策は、景気刺激的ではなく、景気中立的にしなければならなかったことになります。ところが、現実はそうなりませんでした。景気が統計的に回復に動き出すのと、人びとが回復を実感するのには時間のズレがあるのです。

企業も国民もメディアも政治家も、八七年に入っても日本はまだ大不況の中にあると思い込んでいました。二月には日本銀行はさらに利下げを行い、公定歩合は二・五パーセントという戦後最低水準となりました。大蔵省は財政再建を優先するため、これ以上の財政拡大には慎重でしたが、政財界・メディアからはもう一段の大型経済対策を発動せよという大合唱が巻き起こり、大蔵省は内外から「経済の現状がまるで分かっていない」との批判を受けました。

当時、日本の財界首脳は鉄鋼・自動車といった輸出型産業が支配していました。これらの産業は円高に対しては敏感ですので、円高の弊害を強調する傾向があり、それが政界・メディアの論調にも大きく影響したのです。この圧力に押し切られ、八七年五月には政治主導で総額六億円強の緊急経済対策が決定され、七月に補正予算が成立しました。

しかし今から考えれば、この二月の金融緩和と七月の財政拡大は全く不要であり、むしろ有害なものでした。経済が回復しているところに、財政・金融両面から大きな刺激を与えてしまったのです。これは「円高になれば日本は大不景気になる。大型経済対策が必要だ」という「空気」(第五章参照)に日本中が支配された結果採用された、全く誤った政策でした。

八七年には東京の地価は上がり始めていました。もし、この段階で金利が多少でも引き上げられていれば、その後のバブルは抑制できたかもしれません。しかし日本銀行は、それをしませんでした。一〇月二九日に、ニューヨーク株式市場で株の大暴落が発生したからです(「ブラック・マンデー」と呼ばれました)。もし利上げをすれば、米国から日本への資金流出が起こり、日本発の世界恐慌を引き起こすことを日銀は懸念し、利上げを見送ったのです。

地価の上昇が当初東京だけで、消費者物価はまだ安定していたことも、日銀の判断に影響を与えたでしょう。「中央銀行は通貨価値の安定には責任をもつが、土地価格の安定は中央銀行の仕事ではない」という考え方は、グリーンスパン時代のFRBでもみられたものです。結局、八七年二月から八九年五月まで非常に低い金利が維持され、バブルのマクロ的な条件は整いました。

†ミクロ的要因

しかし、これだけでバブルが発生したわけではありません。低金利だけでバブルが発生するのであれば、小泉内閣時代もそうでしたから、あの時期深刻なバブルが発生したでしょう。八〇年代後半には、それ以外の要因が存在したのです。

①過大な不動産予測

金融の自由化・国際化が進むにつれて、東京はシンガポールや香港をぬき、巨大な国際金融センターになるのではないかという楽観的な予測が生まれました。もし世界中の金融機関が東京に巨大なオフィスを構えるとなれば、大量のオフィスビル不足が発生します。一九八五年

（昭和六〇年）には国土庁から、そのような予測も発表されました。

その結果、オフィスビルの建設ラッシュが発生し、ディベロッパーがこれに飛びつきました。彼らは都心の土地を法外な値段で購入し、不動産価格をつり上げていったのです。八五年一一月二六日付の日経産業新聞は、東京銀座六丁目の土地が坪当たり一億二〇〇〇万円で取引されたことを報じています。当時、都心部での取引が、坪当たり一億円を超えることはありませんでした。八六年頃からは、「地上げ」「土地転がし」という言葉が聞かれるようになり、八七年三月には東京蒲田駅の国鉄用地を、新興ディベロッパーの桃源社が公示地価の三・五倍の価格で落札しました。

②「四全総」の見直し

当時、政府は定期的に「全国総合開発計画」を策定していました。これは「全総」と略されます。その精神は、経済が特定の大都市圏に集中することを防ぎ、国土のバランスのとれた発展を図ることにありました。第四次計画である「四全総」（一九八七—二〇〇〇年）も当初は同様の考え方で検討されており、特にこの頃明らかになってきた「東京一極集中現象」に、いかに歯どめをかけるかが焦点となっていました。高度成長期は、東京・名古屋・大阪・福岡の四大都市圏が発達していましたが、次第に東京・大阪の二極集中となり、八〇年代には東京一極集中が顕著になっていたのです。

他方、当時は東京で大規模な再開発プロジェクトが検討されていました。東京湾岸の再開発（有明コロシアム建設など）、東京湾横断道路（アクアライン）の建設、東京駅周辺再開発、汐留再開発、都庁の新宿移転などです。その背景には、東京が第二次産業から第三次産業の中心都市へと移行していたことに伴い、工場・倉庫跡地を再利用して、近代的なオフィスビル群を建設する気運が盛り上がっていたことがあります。上述の東京が世界屈指の国際金融センターになるという夢は、それに拍車をかけることになりました。

その結果、東京一極集中是正に重心を置いた国土庁の当初案は、中曽根首相から突き返されることになりました。国際的な中枢都市としての東京の新たな役割への配慮に欠けている、ということが理由だったとされます。四全総は東京の機能を地方に分散させることが最重要課題となるはずでしたが、逆に東京の機能強化に重心が移ってしまったわけです。

その頃、筆者は、運輸省に出向して四全総の窓口係長を担当していました。最高意思決定の現場とはほど遠い位置にいましたから、全総の設計思想の突然の変更に驚きました。こうして東京のオフィスビル建設ラッシュは、政府のお墨付きを得ることになったのです。

③個人の財テク志向

この時期は、世界中が「小さい政府」を志向していました。英国のサッチャー政権や米国のレーガン政権はその代表です。日本でも八〇年以降行政改革が進められ、八二年に発足した中曽根内閣は規制緩和と民間活力の導入に熱心に取り組み、難題といわれた三公社（電電公社・専売公社・国鉄）の民営化を実現しました。八五年にはNTTとJTが、八七年にはJRが株式会社として新たにスタートしたのです。

しかし、完全民営化のためには株式会社化だけでは不十分であり、これらの会社を上場させ、政府の株式保有割合をしだいに減らしていく必要があります。その第一弾として、まずは最も営業成績のよいNTT株の上場が決定されました。一回目の株式売出しの購入募集は八六年に行われましたが、NTT株の人気は高く、加重平均で一一九万七〇〇〇円もの高値がつきました。しかし、NTTが八七年二月九日に上場すると株価はストップ高になり、二月一〇日の初値は一六〇万円、四月二二日には三一八万円の最高値となりました。NTT株を購入した人たちには、大きなキャピタルゲインが発生したわけです。

同時に、不動産価格も既に上昇していました。不動産価格の上昇は企業の資産価値を高めますから、株価も上昇します。八三年に平均八八〇〇円であった日経平均株価は、八七年一〇月には二万六六四六円となり、八九年末の三万八九一五円の最高値へと上昇を続けました。

これをあおったのが、メディア・出版界です。この頃、「財テク」関連の雑誌・新聞が次々に刊行されました。「銀行にカネを預けておくのはバカ、頭のいい人は株や不動産に投資する」という「空気」が作られていったのです。

④企業の財テク志向

企業の資金調達は、金融の自由化により容易になりました。転換社債・新株予約権付社債・コマーシャルペーパーの発行や時価発行増資により、銀行を頼らず市場からコストの低い資金を調達できるようになり、これを高利の金融商品でうまく運用すれば、通常の営業より多い利潤を稼げるようになったのです。

この頃は、営業部門より財務部門の方が財テクで利潤を多く稼ぐので、大企業の社内では財務部門の職員が肩で風をきって歩いていたと言います。特にトヨタの財務部門の財テク能力の高さは有名で、「トヨタ銀行」と呼ばれていました。

このような風潮の中で、「モノづくり」の大事さを説く人は「頭の古い人」と馬鹿にされ、バブル期は「モノづくり」の精神が失われかけた時代でもあったのです。

⑤金融機関の焦り

金利の自由化により、金融機関の利ザヤは減り、競争の激化さらには企業の銀行離れによって経営環境は苦しくなっていきました。この頃、大手金融機関は慣れない業務に手を出してヤケドを負っています。たとえば、富士銀行は本来東京中心の銀行であるにもかかわらず、ライバル視していた住友銀行に対抗して、大阪府民信用組合を傘下に入れ、関西に本格進出しようとしました。しかし大阪府民信組は、住友銀行系列の商社「イトマン」に深く食い込んでいた、許永中《きょえいちゅう》や伊藤寿永光《すえみつ》といった闇の勢力に巨額の融資を行っていたのです。結果として、不正融資事件が明るみになると、富士銀行は住友銀行ともども、大きな損失を出してしまいました。また、興銀はリテール業務を拡大しようとし、第一章で述べたように大阪料亭の女将尾上縫にだまされて大きく信用を失墜しました。

結局銀行は、利潤を維持するために、不動産ブームに乗ってディベロッパーに対する土地担保融資にのめり込んでいったのです。またこの頃相互銀行は普通銀行に転換し、第二地方銀行となりましたが、優良な顧客は地元地方銀行が既におさえていました。彼らにとっても、融資先は新興ディベロッパーしかなかったのです。

筆者は、相互銀行と信用組合には、DNA的な問題もあったと考えています。昭和初期の金融恐慌では多くの銀行が破綻しましたが、その多くは「機関銀行」と呼ばれるものでした。銀行の重役と主要取引先の重役が同一人物・一族であるケースが多く、銀行は企業の金庫でしかなかったのです。不景気で企業が傾けば、銀行も貸出が回収できず共倒れになり、つぎつぎと破綻しました。これが昭和金融恐慌です。

この経験を経てきた都市銀行・地方銀行・信用金庫はコーポレートガバナンスを強化し、金融機関と主要取引先の人事・経営を峻別するようになりました。しかし、戦後スタートした相互銀行・信用組合にはそのようなDNAが組み込まれておらず、しばしば企業のオーナーないしその一族による支配がみられました。小宮山家がオーナーであった平和相互銀行、長田庄一がオーナーであった東京相和銀行、高橋治則がオーナーであった東京協和信用組合などは、その代表と言えましょう。

そして、オーナーの機関銀行と化した金融機関の多くは、バブル崩壊とともに関連企業ともども一挙に経営破綻に追い込まれていったのです。

⑥監督機関の体制不備

金融の自由化・国際化の進展に伴い、金融行政のあり方も大きく変わらなければなりませんでした。これまでの業界を相手にする監督行政から市場と向き合う行政となり、また国内金融市場と国際金融市場が一体化しますので、国際金融の動向にも敏感であらねばならなくなったのです。金融機関相互の競争が激しくなれば、経営危機発生の機会が高まりますので、金融セーフティネットの整備も急がれました。

しかしながら、金融新時代に対応した金融監督組織の再編成、検査・監督のあり方の見直し、金融専門人材の育成は十分ではありませんでした。当時、大蔵省は赤字国債からの脱却や大型間接税の導入を最大の使命としており、人材・予算・定員も主計局・主税局に重点的に振り向けられていました。官庁には厳しい定員削減の仕組みがありますので、毎年一定量の人員を削減しなければなりません。主計局・主税局の人員が確保されれば、その分金融当局の人員は削減されていくことになります。

筆者は一九九〇―九二年に銀行局にいましたが、厳しい定員削減により、局内の係員の定員が次々とカットされて係長だけしかいない係が生まれ、係員の人数より係長の人数が多くなっていました。係長がコピーや電話取りの雑務に忙殺されているわけで、これでこれからの金融自由化・国際化の嵐の時代を乗り切れるのか、本当に心配になったことを覚えています。

また当時は、「官僚はジェネラリストであるべき」という考えが根強く残っていました。大蔵省で言えば、予算・税制・金融いずれも器用にこなす人材が優秀とされ、スペシャリストが軽視される傾向があったのです。しかし時代が要請していたのは、内外の市場に精通する金融スペシャリストでした。

さらに、金融機関の競争の激化により、官庁と金融機関の関係も変化していきました。業界組織としてメンバーが一致して対応する気風、あるいは業界のトップリーダーである金融機関が、自社の利益のみならず、業界全体・金融秩序全体を考えて監督当局と協働し、監督当局の人員不足を補完する気風が、しだいに失われていったのです。

†なぜ誰もバブルと気づかなかったのか

しかしそれにしても、あれほどの異常なことが起こっていたのに、なぜ誰もバブル開始の頃、「このような状態はおかしい」と言わなかったのでしょうか。私は当時運輸省に出向中で、大蔵省にはいませんでしたが、大蔵省にしてみれば、バブルにより土地・株がらみの税収が増え、赤字国債の発行額が着実に減っていったのですから、主計局や主税局はそれほど危機感をおぼえなかったと推察されます。

また、バブル開始当初は消費者物価が低く安定していましたから、日本銀行もすぐに政策を発動する必要性を感じなかったでしょう。当時、資産価格までは日本銀行の守備範囲ではないとの考え方が支配的だったのです。

しかし、バレンタインデーにダイヤモンド付きのチョコレートが発売され、クリスマスイブには高級フレンチレストランやシティホテルが予約で満杯となり、夜になると一万円札を振りかざした女性がタクシーを停めようと血眼になる光景は、どう見ても異様なものでした。「アッシー君」「メッシー君」という、男性を小馬鹿にした流行語が生まれたのもこの時代です。

実は、問題を指摘している人はいました。野口悠紀雄（二〇一五）は、彼が一九八七年（昭和六二年）に『東洋経済』に発表した論文で、地価高騰を「バブル」と指摘していたことを回想しています。またこの頃、堺屋太一も「今の情況は一九二〇年代後半のアメリカ経済に似ている」と指摘していました。当時のアメリカは産業資本主義が繁栄を極め、多額の貿易黒字をかかえていました。これが国内に投資されたため、ニューヨークで地価と株価が上昇し、大量のオフィスビルの不足が指摘されました。

これを一気に解決するため建設が始まったのが、エンパイアステートビルだったのです。ところが、このビルが完成した三一年にはすでに世界恐慌が始まっており、入居者が見つからず、ビルはガラガラだったと言います。まさに今の日本が当時のアメリカと同じではないか、今の繁栄は虚構ではないのか、というのが堺屋の指摘でした。その頃、この文章を読んで、大変共感したのを覚えています。その後の展開を考えますと、堺屋は時代を読むカンが大変鋭い人だったと思います。

しかし、このような少数の識者の意見が尊重されることはありませんでした。「日本は土地が少ないので地価は上がるだけで下がるはずはない」という「土地神話」に多くの人が取りつかれていました。しかし、野口に言わせれば、日本は土地が少ないのではなく、土地の利用効率が低いため、地価がなかなか下がらなかったのです。

また、当時日本の潜在成長力は三パーセントに下がっていると指摘されていたにもかかわらず、五〜六パーセントの高い成長に疑問を抱く人もいませんでした。まだ人びとには高度成長の記憶が根強く残っており、「まだまだ日本はいける」と思っていた人が多かったのでしょう。

第三章で詳しく解説しますが、山本七平は、日本人に歴史感覚が欠如していることを、繰り返し指摘しています。つまり、今の時期は歴史の一コマであって、過去の単純な延長ではないし、未来も同じ情況が続くとは限らないということが、なかなか理解できないのです。こういう感覚であれば、成長率が高まれば高度成長が復活したと考えてもおかしくありませんし、地価が将来も上がり続けるにちがいないという「空気」が生まれてもおかしくありません。

日中戦争・太平洋戦争における戦争指導者の責任追及は中途半端でしたが、バブル発生の責任追及もあいまいでした。バブル追随・拡大化に対する自らの責任を明確に認めて辞めた各界のリーダーを、私は知りません。バブル発生にいたるプロセスの詳細な解明と責任追及がなければ、筆者は日本で再びバブルが発生すると思っています。

いや、現在東京で、二〇二〇年のオリンピック・パラリンピックに向けて、高層オフィスビルの猛烈な建設ラッシュが再び起こっているのを見ると、もうその兆しがあるのかもしれません。

4 バブル崩壊以後

バブル崩壊以後の時期は、一九九七年（平成九年）秋以前と九七年秋以後に大きく分かれます。

†九七年秋以前

一九八九年（平成元年）になると、バブルはさすがに社会問題化しました。東京圏の住宅価格が高騰しすぎて庶民の手に届かなくなり、不動産価格の高騰は地方の大都市にまで波及していました。消費者物価もこれにつられて上昇し始め、日本銀行は、バブル退治を迫る世論の「空気」に押される形で、八九年五月に金利の引上げを開始しました。

株価は九〇年初めから下がりはじめ、バブルはまず株式市場から崩壊していきました。九一年後半になると、相次ぐ利上げと九〇年三月から開始された不動産融資総量規制により、不動産価格も下がり始め、ついにバブルは完全崩壊したのです。

しかしながら、九七年秋にいたるまでは、日本全体にまだ楽観論が強かったように思われます。日本における土地神話は根強いものがありました。おそらく大半の国民は、「地価は一定のところまで下がったら、また上がり始めるだろう。それまで取りあえず経済対策で持ちこたえておけば、何とかなる」と考えていたのではないでしょうか。

日本には過去にもバブルがありました。一九六〇年代前半の証券バブル、一九七〇年代の列島改造不動産バブルです。どちらもはじけてしまいましたが、日本経済に致命傷は与えませんでした。それはまだ日本の潜在成長率が高かったことと、政府のコントロール力が強かったことが背景にあったと思われます。しかし、八〇年代後半に日本がバブルに突入した際、日本の潜在成長力はすでに三パーセントに落ちたと言われていました。

また、一連の行政改革によって、政府のコントロール力は失われ、戦時経済体制（第六章参照）は完全に終わっていたのです。つまり、日本の経済システムは決定的に変わっていたのですが、それに多くの人が気づいていませんでした。

そのようななかで起きたのが、住宅金融専門会社（住専）八社の不良債権問題でした。住専は、七〇年代に銀行などが共同出資して設立したノンバンクでしたが、ここが不動産融資にのめり込み、巨額の不良債権を抱えていることが明らかになったのです。しかも、ここには農林系金融機関である農林中央金庫と都道府県信用農業協同組合連合会（信連）が多額の融資をしていました。この融資が焦げ付けば、被害は農協へと拡大します。このため、一九九五年（平成七年）一二月の閣議決定で、住専処理にはじめて六八五〇億円の公的資金が投入されることになりましたが、これが大問題となりました。

当時の世論は、これ以上地価が下がり続ければ、金融システム全体が崩壊の危機にさらされるという危機感は弱かったように思われます。ただ、金融監督当局と当の金融業界は当然、それに気づいていました。住専は氷山の一角であり、この処理に失敗すれば、より大きいシステム危機が来たときに対処不能になると懸念されたのです。

ただ、それを大きい声で言うことはできませんでした。当時は、今のように金融破綻処理の制度がきちんと整備されていなかったので、もし金融システムの置かれている危険な状況を正直に話し、その結果、昭和金融恐慌のときのようなパニックが発生すれば、打つ手がなかったからです。

筆者は当時、住専問題をめぐる世論の動向を調べていましたが、住専処理に公的資金を投入することに反対している人びとの論拠は、不動産融資にのめり込んだのは自己責任なのだから破産させるべきというもの（第四章のベンダサン流にいえば「空体語」です）でしたが、その根底には「日本の金融システムは盤石なのだから、住専を破産させてもびくともしないはずだ」という強い思い込みがあったように思われます。

したがって、大蔵省がいくら日本の金融システムの脆弱性を示唆しても、「嘘つき」「オオカミ少年」という反応しか返ってきませんでした。しかしその主張には、一九四一年（昭和一六年）の政府の対米開戦の決断同様、何の科学的データの裏付けもなかったのです。「神州《しんしゅう》不滅」ならぬ、「日本の金融システムは不滅」という根拠のない信念がまかり通っていました。

もっとも、世間が大蔵省の説明に耳を貸さなくなった背景には、この頃大蔵省の不祥事が相次いで発覚し、大蔵省に対する人びとの信頼が大きく損なわれていたことがあります。つまり、人びとが大蔵省を「純粋」（第四章参照）と思わなくなり、その言葉が信用されなくなったのです。

この住専処理が大荒れになったこともあって、金融機関への公的資金の投入をタブー視する「空気」が生まれることになります。しかし、その後も不動産価格は回復せず、金融機関の不良債権はうずたかく積もっていきました。

九七年秋以降

そして、九七年秋になると、ついに金融システム破綻のときがやってきます。三洋証券を皮切りに、北海道拓殖銀行、山一証券、日本長期信用銀行、日本債券信用銀行が次々に経営破綻していきました。それからの日本の対応は素早く、あれほど嫌悪されていた公的資金の投入がたちまち与野党のコンセンサスとなり、四〇兆円を超える資金が金融機関に投入されることになったのです。

この情況を見るにつけ、「日本人は熱いものにさわって、ジュッといって反射的にとびのくまでは、それが熱いといくら説明しても受けつけない。しかし、ジュッといったときの対応は実に巧みで、大けがはしない」という中根千枝の言葉が思い出されます（第五章参照）。あと知恵で考えれば、住専問題が浮上した初期の頃に、新しい金融セーフティネットの構築について、国民的な議論をしておけばよかったのでしょう。

しかし、戦前の「神州不滅」のように、日本の金融システムが万全だと思い込む「空気」が世論を支配しているときは、そもそも議論のしようがありませんでした。それはいざとなれば、政府が強固な金融統制力で何とかしてくれるという、錯覚（虚構の世界）が存在したということでもありましょう。

本書は金融史を書くことが目的ではありませんので、その後の展開は他の本に譲ります。ただここで言及しておきたいのは、この混乱の後、ガルブレイス（二〇〇八）が指摘したとおりの事態が発生したということです。彼は、バブルが崩壊すると、大衆の怒りが特定の個人に集中するとしました。

このときも、日本長期信用銀行と日本債券信用銀行の経営危機の最終局面で、懸命に再建に取り組んでいた経営陣が攻撃の対象となり、犯罪者に仕立て上げられました。他方で、危機の大元を作った旧経営陣は責任を追及されなかったのです。スケープゴートとして起訴された経営陣は、その後最終的に無罪を勝ち取るまで、長く苦しい法廷闘争を強いられました。

そして、この大混乱をきっかけに、日本は自分の経済システムへの自信を完全に失ってしまいました。エズラ・ヴォーゲルが『ジャパン・アズ・ナンバーワン』で指摘したような日本型資本主義の優位性は、大きく変質していったのです。

明治の日本は選択的に諸外国から最新の制度を導入し、さらに日本の風土に合わせてきめ細かい改良が加えられたのですが、このとき以降ほとんど無批判に、アメリカ資本主義が資本主義の最高のモデルのように喧伝されました。この結果、「会社は株主のもの」「従業員は宝ではなくただのコスト」という思想が、日本の経営に浸透していくこととなりました。

企業が資金余剰となるなかでメインバンク制は弱体化し、官庁の企業に対する態度は、たとえば金融混乱をきっかけに誕生した金融庁のように、以前より厳しくなりました。企業の経営の安定性はもはや確かではなく、大企業の事実上の経営破綻も珍しくなくなりました。他方で、会社の経営者は株主代表訴訟におびえ、大胆な長期の発展計画を決断・提示することをひかえるようになりました。短期的な利益と内部留保の充実が重視され、イノベーションに結びつく研究開発への投資は減少しました。

また、非正規雇用や中途退社の増大によって、終身雇用・年功序列といった従来の慣行は崩れてしまいましたので、高度成長期に見られた「モーレツ社員」のように、「この会社の発展のために定年まで全力をつくす」といった企業に対する忠誠心は、以前より希薄になりました。くわえて企業の膨張がストップし、中堅社員のためにポストが十分に確保できなくなり、企業の昇進システムにも変化が生じています。企業が大きくならなければ部や課の数は増えませんから、最近は「部長相当職」「課長相当職」のようなあまり実体のないポストが増えています。

これに比べ、「一揆」以来のボトムアップ型の意思決定システム（第五章参照）は、まだ根強く残っていますが、これが国際ビジネス競争における日本企業の意思決定の遅さの原因とされてもいます。

このようにバブル崩壊後の経済低迷のなかで、上述のとおり日本経済システムのアメリカ化が急速に進みましたが、これによって日本経済に活力が戻っているわけではありません。むしろ、中国をはじめ新興国の経済に急速に追い上げられ、かつてのリーディングカンパニーは次々に経営不振に陥っています。

高度成長期の経営者は、統制の雰囲気がまだ強く残るなかで、むしろ自立心が強く、企業家精神に富んでいました。たとえば、貿易自由化が六〇年代に進展したとき、当時の通産省は統制を再び強めて日本企業の保護をはかるべく、「特定産業振興臨時措置法」（特振法）を何度も国会に提出しましたが、当の経済界の強い反対もあって、結局成立しなかったのです。

しかし、九七年以後経済の不振が長びくにつれ、経済界は少しでも景気が後退するとすぐに政府に減税や公共事業拡大などの経済対策を求めるようになり、しだいに福沢諭吉のいう「独立自尊」の精神を失っていったように見えます。

5　市場と社会

日本型資本主義の将来を考えるには、まず市場と社会の関係をしっかりと考え直す必要があります。

†市場と社会の相克

カール・ポランニーの名著『大転換』は、二〇〇九年に新訳が東洋経済新報社から刊行されました。原著は一九四四年に出版されており、一九二九年の世界金融恐慌を契機とした資本主義の転換を描いています。

ポランニーは、一九世紀イギリスで発生した、個人が自らの物質的利益を自由に移動する交換活動によって得る開放的な集団（自己調整的な市場社会）は、突然変異的に創られた「人為的な社会」であると考えました。

それ以前の人々は、古代から市場取引とは無縁な、相互依存的な関係にある組織と集団（伝統的諸社会）のもとで生活していました。ポランニーは、文化人類学や古代社会研究などの成果を参考にして、市場の存在しない、もともとの自然な伝統的諸社会の経済を、「互酬」「再分配」「家政」「交換」の四つにモデル化したのです。

「互酬」とは、共同体あるいは共同体の間で、個人あるいは集団がそれぞれ自己のパートナーをもち、お互いに贈与的な物質・サービスを習慣としてやりとりする関係です。相互の助け合いに基づく農作業その他の労働、冠婚葬祭の儀式、慣習に基づく儀礼的で贈与的なモノのやりとりがこれにあたります。ポランニーはその例として、トロブリアンド諸島の伝統貿易を挙げています。

カール・ポランニー

「再分配」とは、共同体のメンバーによる生産物がいったん首長（中心人物）に集められて貯蔵され、さまざまな機会に再びメンバーに分配される仕組みをさします。組織的な軍事活動、公的な施設、設備の建造・維持・管理、司法や行政や外交などに携わる人間の任命と報酬の支払い、共同体の安全のための食料の調達・備蓄などがこれにあたります。ポランニーはその例として、古代エジプト、古代中国などの諸王朝、さらには近現代の集権的国家を挙げています。
「家政」は、みずからが使用するための生産を行う閉鎖的な集団（家族・村落・荘園）などの自給自足の単位において、機能していた仕組みです。もっともポランニーは、後年には「家政」を独立した類型からははずしています。
「交換」は、古くから人類とともにありましたが、伝統的社会においては、社会の中で営まれる経済活動に大きな影響を与えるものではなく、付随的なものであり、また市場も一般的な制度になっていませんでした。これに対し、自己調整的な市場社会では「交換」が主な行動の原理となります。

このように、伝統的諸社会と自己調整的な市場社会という、二つの社会を成り立たせる経済原理と組織は非常に対照的なわけですので、伝統的諸社会から自己調整的市場社会へ短期間に移行すること、言い換えれば、古代以来人間どうしの関係を支えてきた行動原理・価値観・組織を短期間に否定し破壊してしまうことは、大変な困難と苦痛を伴うことになります。

さらに市場メカニズム（ポランニーはこれを「ひき臼《うす》」と呼んでいます）は、人間の生活の一部である労働、自然の別名である土地、銀行あるいは国家財政によって存在するようになった貨幣を、むりやり単なる商品にしてしまい、そのメカニズムの中に容赦なく取り込んでいったのです。

つまり、ポランニーが描いた世界は、市場メカニズムが社会に及ぼす深刻な破壊作用と、それを緩和しようとする政府の努力の姿でした。

†市場と社会の調整

一九八九―九一年の冷戦終結・ソ連崩壊により、ソ連型社会主義モデルの歴史的な敗北が確定しました。問題はそのときアメリカが、これをアメリカ資本主義の勝利と錯覚してしまったことです。おそらく資本主義陣営が社会主義の攻勢に持ちこたえたのは、各国がアメリカ資本主義とは異なる様々な資本主義モデルを模索したからでした。ドイツの社会的市場経済、フランスの混合経済、日本の戦時経済体制モデル、これらはいずれも政府が市場と社会の調整に一定の役割を果たし、所得格差の拡大・貧困の増大を防いでいたのです。

二〇〇七年のサブプライムローン危機により、市場に過度な信頼をおき、金融の役割が肥大化したアメリカ資本主義モデルの権威は大きく失墜し、もはや発展途上国に対する神通力を失っています。では、中国型の「国家資本主義」（中国が主張するように「社会主義市場経済体制」と呼んでも構いません）が、次の新たな発展途上国のモデルになるかと言えば、それはあり得ません。

中国型の「国家資本主義」「社会主義市場経済体制」は、市場にまかせきりにせず政府が強力に経済をコントロールするという意味において、日本の戦時経済体制モデル（第六章参照）と非常に似通った面をもっており、それは資本の蓄積が不十分な発展途上国が産業資本主義を急ピッチで発展させるにはむいていますが、サービス業や金融がより発達した高度な資本主義や、財・サービス・マネーが自由に世界を動くグローバリズムに対応できるものではありません。また中国の場合、高度成長の時期に所得格差が急速に拡大し、党・政府の腐敗が蔓延してしまったという意味では、高度成長の過程で中流層を拡大させ、役人の腐敗がそれほどひどくなかった、かつての日本型戦時経済体制モデルよりも欠陥が大きいと言えるでしょう。

中国はリーマン・ショック直後に、大規模な経済対策の発動で日本経済を一気に追い抜いたこともあり、「これからは中国モデルだ」と、一時やや自信過剰になっていたきらいがありました。しかし、その後経済対策の副作用である過剰設備・不動産バブル・地方政府の債務の増大・シャドーバンキング（銀行ではない信託会社やノンバンクなどの金融機関が行う金融仲介業務のこと。影の銀行とも呼ばれる）の拡大といった弊害が明らかになりました。さらに、高度成長が終焉したこともあって、現在、中国の習近平指導部は、発足以来経済の中成長に対応し、政府・市場・社会の新たな関係のあり方を懸命に模索しているのです。

ポランニーが指摘するように、市場メカニズムはときに社会に破壊的作用をもたらします。彼は経済人類学の観点から、伝統的な共同体に先進国が市場メカニズムを持ち込んだとたん、貧富の差が拡大し社会の安定が損なわれた例を紹介しています。市場と社会の関係は調整されなければならず、そこに政府の役割があります。そして、政府と市場・社会の関係のパターンによって、資本主義モデルは多数存在しえるのです。

我々は、まず社会のあり方から議論しなければなりません。社会のあり方が決まれば、おのずと経済の規模と経済の動態さらには市場の役割の程度は決まってきます。先に経済ありきではなく、経済が社会を規定するのでもなく、社会が経済を規定するのです。社会と経済に一定の関係が定まれば、政府の役割もおのずと限定されてきます。

この意味で、先に市場ありきのアメリカ型資本主義モデルも、先に政府ありきのソ連型社会主義経済モデルも、共に主客転倒のモデルであり、我々は採用すべきではありません。

次に、日本社会の今後のあり方について、歴史的な視点を交えながら考察したいと思います。

6　日本型資本主義の行方

†資本主義と倫理・精神

それぞれの社会には伝統・文化・倫理観が存在します。社会のあり方を考える場合には、これらを再認識する必要があります。もし倫理観が失われれば、社会は解体し、市場メカニズムは暴走してしまいます。倫理観に裏打ちされない資本主義は、まさに「強欲資本主義」と化してしまうのです。

また、経済・社会が停滞を免れ継続して発展していくためには、高い倫理観のみならず、何らかの心理的動機づけが必要です。ケインズはこれを「アニマルスピリット」、シュンペーターは「企業家精神」、渋沢栄一は「士魂《しこん》」(第三章参照)と呼びました。このような精神が、絶えず再生産されるメカニズムが社会にインプットされていなければ、経済・社会は長期停滞に陥ってしまうことになります。

†一九八五年までの日本型資本主義モデル

日本社会の特質を、村上泰亮・公文俊平・佐藤誠三郎(一九七九)は「イエ社会」と名付けました。彼らは、日本のイエ集団の基本的特性を、①養子制度の大幅な活用、②統合の象徴としての直系の父系による血のつながり(惣領)と、具体的な軍事・経営活動にあたる機能的な階層構造(一族・郎党・所従等)の分離、③強い自立性、としています。また、イエ集団の意思決定システムの特徴については、階層上下間の意思疎通の重視、根回し・満場一致型を挙げています。

イエは一〇世紀頃、東国で農業の基盤と強固な一体感をもつ機能的戦士集団としてその原型が発生し、一二世紀後半に発達・普及、戦国時代に大名により巨大化しました。徳川時代は、大イエ連合国家の様相をおびていましたが、このとき富裕化に成功した豪農商層は、イエ型組織原則を導入し、組織を革新していきました。

明治政府は廃藩置県により大イエを解体しました。他方、四民平等化により華士族に限らずすべての国民が「総武士化」し、「立身出世」して自らのイエ型組織を形成できるようになり、これが明治民法により「家」として法制化されました。

第二次大戦後、占領軍は軍部・警察・内務省・財閥・地主といった、戦前に最も強大であった準イエ型集団を解体消滅させました。また「家」も既に戦前期において、核家族化の進行により解体消滅の道を歩み始めていました。間柄を重視する日本社会において、国家や「家」が帰属ないし一体視の対象とならなくなったあとに残ったほとんど唯一の満足すべき間柄は、企業などの職場であり、人々はひたすらイエ型企業体との一体化を求め企業に献身する「モーレツ社員」に転化していったのです。

このような社会状況の上に成立したのが、戦時経済体制型の資本主義モデル（第六章参照）でした。

†新たな資本主義モデルの模索

一九七五年から八五年にかけて、日本の産業資本主義は最高度に発達し、アメリカをもしのぐようになりました。この情況下で必要なことは、日本人が世界の新たな潮流を見極め、自分および自国を冷静に見つめ直し、新たな資本主義モデルを模索することでした。

しかし、バブルが発生すると、このような知的努力は放棄され、慢心・楽観主義が全社会を覆いました。そしてバブルが崩壊したとたん、今度は極端な自信喪失とアメリカ資本主義モデルへの無批判な礼賛があふれました。伝統的なイエ型企業体・日本式経営は全面否定され、雇用や所得構造の面で日本社会の変質が進んだのです。しかし、アメリカ資本主義モデルがしょせん日本の模範たりえないことは、二〇〇七年の世界経済危機で明白であり、日本は再び独自の資本主義モデルを模索しなければならなくなっています。

しかしながら、バブル発生・崩壊から現在に至る三十年近くの知的怠慢のなかで、既存大企業の多くの経営者からはアニマルスピリット、企業家精神、士魂が失われ、日本経済・社会は長い停滞に陥っています。

二〇二〇年代後半には超高齢・人口減少社会が到来することを考えれば、今後日本社会をどう再設計していくのか、たとえば、現在老人・若者・女性の活躍がそれぞれに議論されていますが、地域社会・企業におけるそれらの相互補完・協力関係をどう作り上げていくのか、インバウンドの拡大にも対応しつつ安心・安全で豊かな地域社会をどう構築するのか、そのために早急に必要な構造改革はなにかを、早急に英知を集め徹底的に議論することが必要です。

時間はそれほどありませんので、これまでのような選挙対策用の網羅的・羅列的な議論ではなく、重点項目・優先順位と二〇二五年までのしっかりとした工程表が必要です。

民主党政権が三年存続したことにより、政治・外交・安全保障の問題と異なり、日本社会の抱える課題の骨幹的な部分については、与野党で認識の違いは少なくなっているものと思われます。主要な与野党が重要課題と対策についてしっかりと協議・合意し、この点については政争の道具としないことが肝要です。

そのプロセスの中で、新たな日本の社会システムに適応した経済・市場のあり方、政府(財政)の役割は自ずと整理されていくことになるでしょう。また、日本人・日本社会の根底を流れている倫理観・精神にも、我々は再度目を向ける必要があります。

以下、若干の論点について、私見を述べておきましょう。

†人間力の向上

①「ノモス的思考」から「コスモス的思考」へ

す。これには大学で学んだ知識では不十分で、広範な読書・人的交流、様々なジャンルの仕事へのチャレンジといった、たゆまぬ自己研鑽により教養と経験を豊かに蓄積することが重要なのです。

この考えは入省後三十年余りたった今も変わっておらず、私は財務省・国税庁の新人に同じことを話しています。フィンテックなど情報化の流れはさらに複雑化・加速しており、これに乗り遅れず、また誤った対応をして再度バブルを発生させないためには、このような思考法が、官庁のみならず、多くの組織で必要と思われます。

②諸科学と倫理

前著(二〇一五)でも強調したことですが、元々一九世紀前半までは、経済学・社会学・政治学・法学・哲学といった個別科学は完全に分離していたわけではなく、非常に包括的・総合的な学問体系が続々と生み出されていました。しかし、一九世紀後半になると、急速に個別化・専門化(丸山眞男〔一九六一〕によれば「タコツボ化」)してしまったのです。第二次世界大戦後はさらに諸科学の専門化・個別化が進展し、このような現象は日本だけでなく世界においても普遍的になっているように思われます。

しかし、哲学や倫理観に裏打ちされない自然科学は、ときに暴走しかねない危険をはらんです。これには大学で学んだ知識では不十分で、広範な読書・人的交流、様々なジャンルの仕事へのチャレンジといった、たゆまぬ自己研鑽により教養と経験を豊かに蓄積することが重要なのです。

この考えは入省後三十年余りたった今も変わっておらず、私は財務省・国税庁の新人に同じことを話しています。フィンテックなど情報化の流れはさらに複雑化・加速しており、これに乗り遅れず、また誤った対応をして再度バブルを発生させないためには、このような思考法が、官庁のみならず、多くの組織で必要と思われます。

②諸科学と倫理

前著（二〇一五）でも強調したことですが、元々一九世紀前半までは、経済学・社会学・政治学・法学・哲学といった個別科学は完全に分離していたわけではなく、非常に包括的・総合的な学問体系が続々と生み出されていました。しかし、一九世紀後半になると、急速に個別化・専門化（丸山眞男〔一九六一〕によれば「タコツボ化」）してしまったのです。第二次世界大戦後はさらに諸科学の専門化・個別化が進展し、このような現象は日本だけでなく世界においても普遍的になっているように思われます。

しかし、哲学や倫理観に裏打ちされない自然科学は、ときに暴走しかねない危険をはらんで

図2　変動期の政策決定

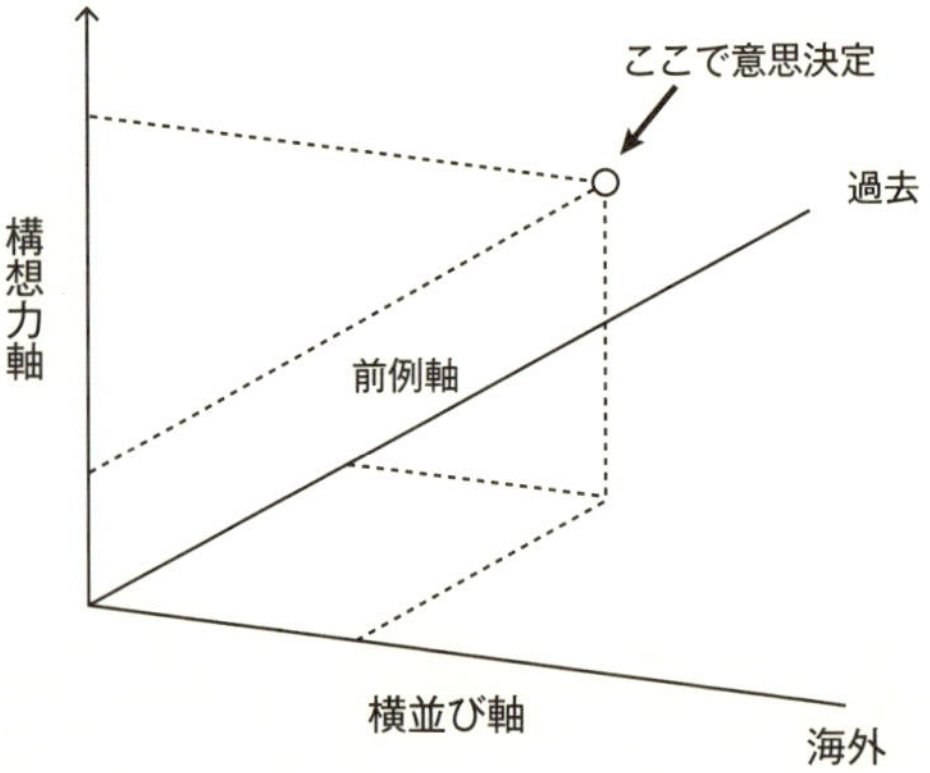

しかし、世の中が大きく変動するときは、規範的な世界の中に混沌（カオス）が紛れ込んできます。そうすると、縦軸と横軸の二次元ではもはや対応不可能です。これが今風にいえば「想定外」という事態であり、これを解決するには「構想力」という新たな軸が必要となります（［図2］）。

このように三次元で考える思考を、「コスモス的思考」と呼びます。

これからの変革の時代には、コスモス的思考が不可欠であり、それには構想力を養う必要があります。ノモス的思考の世界では問題解決の空間は平面だけになりますが、コスモス的思考の世界ではこれが立体空間となり、構想力が豊かであればあるほど問題解決の空間は広がり、「想定外」の事態は減少していくことになりま

図1　通常の政策決定

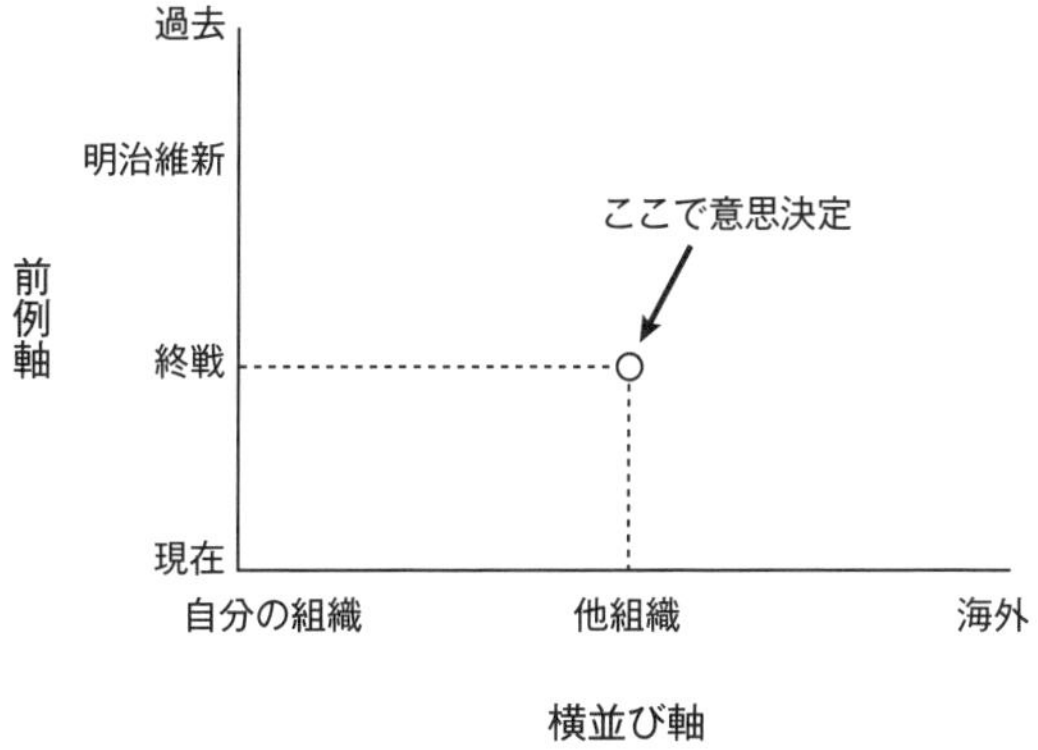

まず、労働力が減少していくなかで日本経済・社会の活力を取り戻すためには、日本人一人ひとりの人間力の向上が必要となります。一九八四―八五年頃、私は大蔵省の新人向けパンフレットに、これから必要となる官僚のイメージを、次のような趣旨で述べました。

これまで役所の意思決定は、大半が縦軸と横軸の平面の上で行われてきました。縦軸とは「前例」（これまでどうやってきたか）、横軸は「横並び」（よそではどのようにしているか）であり、この二つの座標軸で示される平面の一点で結論が決まります（［図1］）。平時のときは、これが確実であり、行政の継続性・公平性・安定性も保たれます。このように規範的な世界の中での思考方法を、「ノモス的思考」と呼びます。

すが、地域社会・企業におけるそれらの相互補完・協力関係をどう作り上げていくのか、インバウンドの拡大にも対応しつつ安心・安全で豊かな地域社会をどう構築するのか、そのために早急に必要な構造改革はなにかを、早急に英知を集め徹底的に議論することが必要です。

時間はそれほどありませんので、これまでのような選挙対策用の網羅的・羅列的な議論ではなく、重点項目・優先順位と二〇二五年までのしっかりとした工程表が必要です。

民主党政権が三年存続したことにより、政治・外交・安全保障の問題と異なり、日本社会の抱える課題の骨幹的な部分については、与野党で認識の違いは少なくなっているものと思われます。主要な与野党が重要課題と対策についてしっかりと協議・合意し、この点については政争の道具としないことが肝要です。

そのプロセスの中で、新たな日本の社会システムに適応した経済・市場のあり方、政府（財政）の役割は自ずと整理されていくことになるでしょう。また、日本人・日本社会の根底を流れている倫理観・精神にも、我々は再度目を向ける必要があります。

以下、若干の論点について、私見を述べておきましょう。

†人間力の向上

①「ノモス的思考」から「コスモス的思考」へ

います。たとえば、キュリー夫人が研究したラジウムは、その扱いに無知なアメリカの時計工場で針の染料として使われ、多くのガン患者を生み出し、最後は核兵器の開発へとつながっていきました。また、サブプライムローン危機は、倫理感を伴わない金融工学がもたらしたものです。科学は私たちに天使と悪魔の二つの顔をのぞかせるものであり、それをどう扱うかは科学者の深い素養と倫理観にかかっているのです。

現代のように哲学と分離されたままで諸科学が極端に細分化されていくことになると、正にウェーバーの危惧した「精神のない専門人」により科学が担われることになりかねません。今回の世界経済危機を見ると、我々はもう一度、知と倫理の体系の再構築の必要に迫られているように感じられます。少なくとも、従来の大学学部、学科の構成・教育プログラムは抜本的な見直しが必要となってくるでしょう。

③日本における知と倫理の再構築

日本において、学問のタコツボ化をある程度緩和したのは、旧制高校の教育でした。当時の学生は理系・文系にかかわらず、誰もが西洋哲学・文学を論じ、『論語』・漢文をよくしました。日経新聞の「私の履歴書」を読むと、まだ小学校にも上がらぬうちから、父親に『論語』を教えられたというエピソードがよく出てきます。

他方で、たとえ理系専攻の学生であっても、人生の意味や哲学を熱く論じるような知的雰囲気が旧制高校にはありました。私立大学の予科にもそれに近いものがあったと言います。日本の戦後復興・高度成長を支えたのは、このような教育を受けた世代なのです。

ところが、戦後の大学教育における教養課程は、高校教育の単なる延長となり、学生はもはや自力でしか諸科学を総合的に学ぶ機会はなくなってしまいました。他方、大学教育のタコツボ化は更に進行していきました。

最近、大学において文系学部を縮小し、理系を中心に専門化・専業化を進めるべきだという意見が出ていますが、これは全く逆方向だと思います。今、大事なのは理系の優秀な学生がしっかりと文系の知識を身につけ、自然科学の知識を壮大な全知識の体系のなかで改めてとらえ直す、言い換えれば相対化していくことなのです。自然科学の知識・技術の体系が、経済・社会・自然環境さらには人の人生観・生命観・倫理観にどのような影響を与えるのか、あるいは与えてきたのかを真剣に学び・考え・悩む機会が、彼らには必要なのです。

④T字型人間

といって、私はスペシャリストを否定しているわけではありません。かつて学生運動が盛んであった頃、学生が教授たちを「専門バカ」と罵倒しました。そのとき、ある教授は「私が専

図3 「T」字とは？

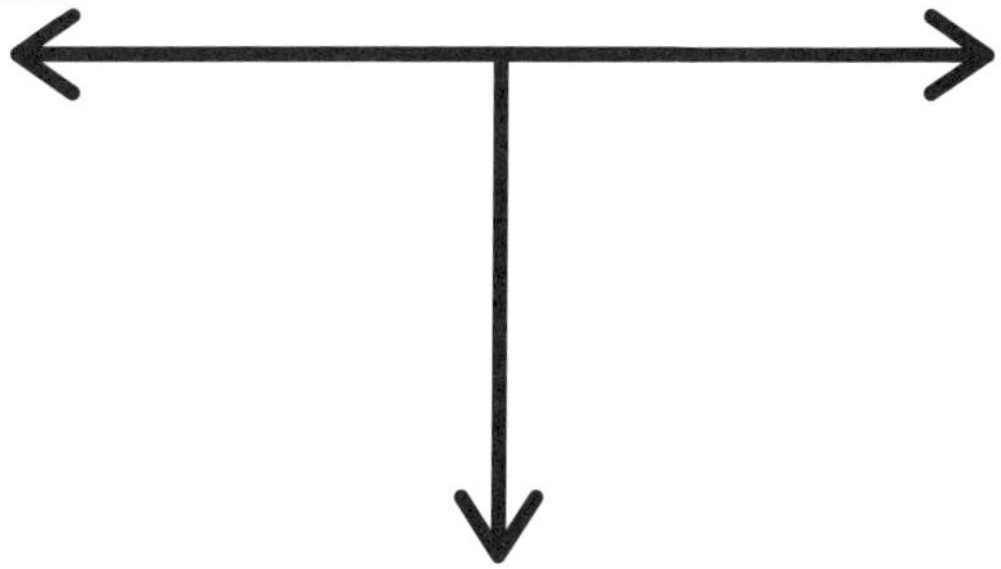

門バカなら、君たちはただのバカだ」と答えたといいます。これだけ世の中が多様化・複雑化・グローバル化している時代に、社会・経済をうまく運営していくには、一定の分業・専門性は不可欠です。しかし、日本の場合、最初に大学でタコツボ的な教育をし、社会に出ると何でも屋のジェネラリストとなることが要求されます。これは、全く逆だと思います。

人間の知恵・教養・専門的知識の量をT字で示すならば、横棒（ジェネラリスト軸）は知恵・教養・経験の幅広さ、縦棒（スペシャリスト軸）は専門知識の深さとなります（［図3］）。大学ではむしろジェネラリスト軸をできるだけ左右に広げ、安易に「空気」に流されないしっかりとした知恵・教養・判断力を身につけさせ、それをもとに、社会に出てからは、まず専門性

図4　「T」字を段々大きくする

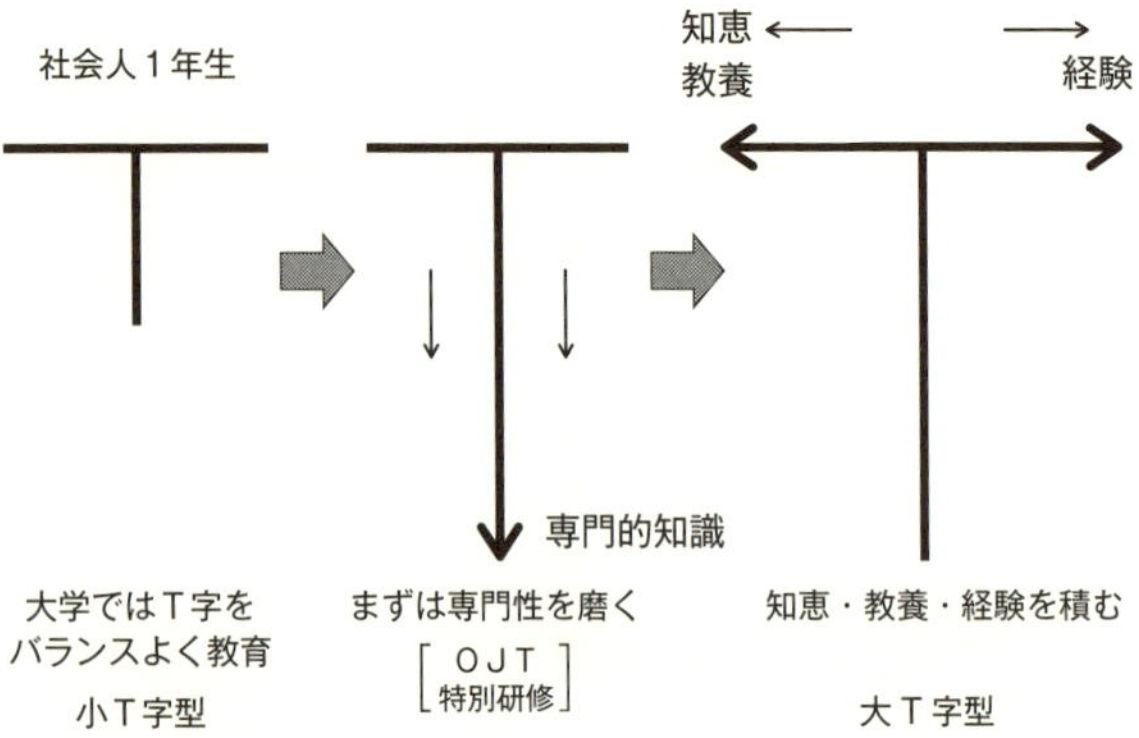

のスペシャリスト軸を深く伸ばしていくべきだと思います。そのうえで職場で様々な経験と自己研鑽を積ませ、ジェネラリスト軸を伸ばせばいいのです（［図4］）。これによって、構想力を身に付けた人材が育っていくことになります。

今は、経済界・官界・政界・学界それぞれの分野で、いかに教養豊かで多様なスペシャリスト集団を育成していくかが、重要なのです。

日本型組織の再検討

①「一揆＝ボトムアップ型」の意思決定方式の一時停止

日本では「一揆」の伝統が長かったせいか（第五章参照）、「全員一致、一人の反対者もいない」ということが、当然のこととして決議の正当性を保証するものとされています。時には、多少の異論があっても、「全員一致」の形を無理にでもとろうとします。いくら反対していても、最後は「ボスに一任する」というのは、代表的な方法です。

また、途中で反対者に好きなだけ意見を言わせて「ガス抜き」をしたうえで、採決の直前に反対者がそっと退席するという巧妙な方法もあります。民主党政権が誕生した当初、「意見がまとまらない政権」とのメディア評がありましたが、それは意思決定にあたり、この方法を採用しなかったからでしょう。

しかしながら、このような一揆＝ボトムアップ型の意思決定は、調整（根回し）に大変な時間を要するため、組織の存亡にかかわる緊急事態や、一刻を争うような国際ビジネス競争の世界では、不適応症状を示します。大イエ連合国家であった徳川幕藩体制が、ペリー来航への対処方針をなかなか決断できなかったのも、一九四五年（昭和二〇年）に指導部が終戦の決断をできず、天皇の「聖断」を仰がざるをえなかったのも、この一揆＝ボトムアップ型意思決定システムが機能不全を起こしたからなのです。

この意味で、組織の深刻な危機の際、重大な経営判断の際には、たとえば織田信長・大久保利通のように、「日本教」の論理（第四章参照）に深く染まっていない、非日本人的トップダウン型リーダーに大きな権限をゆだねることができるような、対応システムを備えておくことが重要となります。

このときのリーダーはコスモス的思考ができ、ジェネラリスト軸・スペシャリスト軸がいずれも充実し、構想力を備えた「大T字型人間」でなければなりません。こういう人物のもとに、スペシャリスト型・ジェネラリスト型いずれかに秀でたメンバーを糾合してプロジェクトチームを結成し、一定期間・案件をしぼって、トップダウン型意思決定をさせるのです。

「一定期間・案件をしぼって」と言っているのは、期間を定めず、包括委任すると、やがてトップダウン型リーダーは「ワンマン＝専制」と変化し、長期独裁を目指します。そうなると、せっかく立ち直った組織はイエスマンが増え、しだいに硬直化・腐敗していくからです。こういうとき、一揆型の日本の組織では、しばしばリーダー「押込《おしこめ》」の動きが出てきて（第五章参照）、組織の根底をゆるがす「お家騒動」へと発展するのです。

②「大T字型人間」の育成・活用

しかし、今の大学教育・社会人教育では、縦棒も横棒も中途半端な「ミニT字型人間」しか生まれません。八〇年代以降、ノモス的思考しかできない「ミニT字型人間」が、バブル拡大期も崩壊後も日本のすべての組織のトップに居座った結果が、日本のイノベーションを阻害し、今日の長期停滞を招いたのだと筆者は考えています。

「ミニT字型人間」のリーダーは、「大T字型人間」にしばしば脅威を感じ、企業であれば彼らを早めに子会社・関連会社に出向させてしまいます。その結果、組織にはイエスマンだけが残り、危機に対応できなくなるのです。日本のようなボトムアップ志向の強い組織では、若手・中堅層に、コスモス的思考の「大T字型人間」を多く育て、プールしておくことが極めて重要です。

そのためには、大学でのリベラルアーツ（知恵・教養）教育を強化するとともに、組織は若手構成員が専門知識を磨きあげるために、たとえば大学院の修士・博士課程で学び直すことにもっと寛容になるべきでしょう。また、リベラルアーツが不足している今の部次長・課長クラスの中堅職員については、少なくとも彼らが組織の最上層に上りつめ組織の論理に固まらぬうちに、知と倫理の総合的な再学習の機会が必要となります。企業や行政組織はこれを時間の無駄だとは考えず、すみやかに人材育成プログラムに組み込むべきです。

また、このようなコスモス的思考の「大T字型人間」は、今も各組織（あるいはその子会社・関連会社）に少数ながら異端として埋もれているはずです。明治維新や戦後の変革期には、ノモス的思考の「ミニT字型」旧幹部は一斉に退場し、コスモス的思考の若手幹部が台頭して、新時代に即応した専門知識を吸収し、大きなビジョンのもとで新日本を建設していきました。

しかしバブル崩壊後の日本社会では、「第二の維新」「第二の敗戦」と呼ばれながら、そのような社会・組織上の新陳代謝はほとんど起こっていないのです。このままノモス的思考の「ミニT字型人間」が社会を主導していけば、近い将来またバブル・経済危機を発生させるのではないかと、筆者は懸念しています。

日本はもはや、世界が目をみはるような経済大国ではありませんし、もともと軍事大国ではありません。といって、現状に甘んじ、ノモス的な思考に閉じこもっていれば、日本型資本主義は世界からも軽視され、長期的に衰亡に向かうことになるでしょう。

現在、世界には自国第一主義・ポピュリズム・偏狭なナショナリズム・力による解決への信奉が台頭し、第一次世界大戦以後一〇〇年かけて世界各国が培ってきた国際社会の協調の理念・秩序が崩れかけています。このような危機的情況の中でこれから日本が目指すべきは、従来型の大国への復帰の道ではなく、崇高な理念と具体的なモデルを世界に発信し、世界から敬愛されるような国となることでしょう。

そのためには、まず各界に残存する「ミニT字型」リーダーを早急に退場させ、希少資源であるコスモス的思考の「大T字型人間」（特に若手）を、大胆に登用・結集する必要があります。そして、日本の人口減少・超高齢化、国際的な資源・エネルギー・環境・貧困問題、東アジアの共生的発展といった喫緊の諸課題を、その分野のスペシャリストと共に徹底的に議論させ、世界に通用するようなしっかりとした理念と現実的な解決策を見いだし、これをオールジャパンで（国際的協力が必要な課題については、理念に同調する諸国と手を携え）早急に実行に移すのです。

さらには、その実践経験を踏まえ、世界が十分に参考とできるような新たな国際性のある資本主義のモデルを構築し、国際社会に向けて大胆に提示していくことが必要と思われます。

第二部

日本型資本主義の史的考察

第三章　日本型資本主義の精神――倫理と「士魂」

本章では、日本の産業資本主義の本格誕生以前の、江戸期と明治期における日本型資本主義の精神のルーツをたどっていくこととします。ただ、本章の内容については、前著（二〇一五）においても、詳しく説明していますので、ここでは要点のみ述べることといたします。

1　石門心学――日本の歴史感覚の欠如はここから始まる

マックス・ウェーバーは、欧米においてなぜ産業資本主義が勃興したのか、しかもその中心がプロテスタントの信者が多い地域であったのかを、『プロテスタンティズムの倫理と資本主義の精神』で考察しました。

同様に、東アジアにおいてなぜ日本がいち早く産業資本主義を受容できたのかを考察したのが山本七平（一九八四、二〇〇六）です。彼は、江戸時代の二人の思想家に注目しました。鈴木正三《しょうさん》と石田梅岩です。

†鈴木正三の生涯と思想

鈴木正三は、一五七九年（天正七年）に生まれました。元々徳川家康の旗本であり、実戦の体験をもつ戦国武士でした。また、戦後の平和到来とともに一時役人的な仕事も経験しましたが、一六二〇年（元和六年）、四二歳のときに出家し、以後七七歳で世を去るまで禅宗の僧侶でした。

鈴木正三

彼は、すべて生あるものは、天然自然（宇宙）の秩序である「仏性＝内なる仏」をその中に宿していると考えていました。人間も宇宙の秩序に組み入れられているのですから、その内心の秩序も当然に宇宙の秩序に従っていればいいことになります。

しかし、現実の世は犯罪・不正・殺人が絶えることがありません。正三はその理由を、人間は「貪欲」・「瞋恚《しんい》」・「愚痴」という三つの毒により心が冒され「病」となるため、「仏性」通りに生きられないと考えたのです。「嗔恚」は、「怒り」のニュアンスに近いものです。

いい社会を作るためには、「仏心」が三毒に冒されないことが必要となります。そのためには「内なる仏どおりに生きる」、すなわち「成仏」しなければなりません。成仏のためには、修行が必要ですが、正三は、心がけ次第で労働をそのまま修行にできると考えました。

たとえば商人の場合は、まず商売は天から与えられた役職であり、売買・流通がスムーズであってこそ、人びとは自由に活動することができるとします。そして、商売をする際には、「正直」を守り、この身を世の中になげうって、一筋に国土のため万民のためを思い、一切の執着を捨てて、欲をはなれれば、ごく自然に成仏できるとしました。

では、利潤を追求してよいかというと、そうではありません。それをすれば三毒の一つである「貪欲」に冒されることになるからです。しかし、それを追求したわけではないのに、結果において利潤が生ずることがあります。正三は、この「結果としての利潤」は、決して否定していません。ただ、利潤を得て満足していては堕落し、必ず悪に入ってしまうので、商売の姿勢としては、あくまでも宗教上の巡礼のようでなければならない、と説いているのです。

†石田梅岩の生涯と思想

石田梅岩は、一六八五年（貞享二年）、今の京都府の亀岡市の山村（元来の名は東懸村《とうげむら》）に生

石田梅岩

まれました。一一歳のとき、梅岩は京都に出て奉公することになりましたが、最初の奉公はうまくいかず、二三歳のとき再び京都に出て、黒柳家に奉公することになりました。

梅岩は生まれつき大変理屈っぽい性格でしたが、また異常なほどの読書家でもありました。彼は自分が学び自ら手本となって、人の人たる道を勧めたいと考えていたのです。

梅岩は最終的に番頭にまで上りつめましたが、四二、三歳で退職し、四五歳のとき京都の車屋町の自宅で、小さな私塾を開きました。九年目に堺町に移転した頃から出張講義の依頼も多くなり、京都だけでなく大阪でも講義しています。梅岩は一七四四年（延享元年）に、六〇歳で亡くなりました。家に残っていた物は、書籍、原稿、見台、机、硯、衣類、日用雑貨のみで、不必要なものは一切無かったと言います。

梅岩は、人間の「本心」（人間の本性）とは何かを徹底的に考え抜きました。「心学」とは、本心どおりに生きる方法を学ぶ学なのです。彼は、「本心」をずっと未来永劫に続いていく宇宙・天然自然の秩序だと考えます。ただ、すべての人びとが本心のままに生きれば、世の中の問題はすべて解決するわけではありません。彼は社会の秩序も重要だと考えます。「聖人」は、自然の秩序・社会の秩序について深く理解した人であり、聖人の定めた人としての形に従うことが「自然に従う」ことになり、それこそが「道」であるとしたのです。

彼は、商人が「欲心」ではなく、その「道」を実行に移すには、まず「売り先」への誠実がなければならない、とします。いわば「消費者への誠実」が第一であり、消費者のために「奉仕に明けて、奉仕に暮れる」なら、必ず栄えると彼は説くのです。

また「道」を実行するには、倹約が第一としています。彼の言う倹約とは、いわば合理的に内部を自制する倫理であり、同時にそれが商家の秩序の基本ともなります。梅岩は、「倹約をいうのは、身を修め、家を秩序正しくするためなのである」と述べています。

†手島堵庵《とあん》

石田梅岩の死後、弟子達は彼の教えを引き継ぎ、それぞれに活躍しましたが、石門心学が大きく広がり始めたのは、直弟子の中で最も若かった手島堵庵が主宰するようになってからです。彼は梅岩が死去したときは二七歳で、四四歳で家業を子供に譲った頃には、梅岩の直弟子たちは相ついで世を去っていました。そこで請われるままに講義を始め、六九歳で世を去るまで石門心学の普及に専心したので、彼が後継者と目されるようになったのです。

彼は梅岩のように理屈っぽくもなく、むしろ素直に師の教えを受け入れるというタイプでした。その講義においては、彼は決して自分が教えるという態度をとらず、入門した者はみな梅岩の弟子であって、自分の弟子ではないとして友の礼をもって交わったのです。彼の元には多くの人が集まり、これが心学舎《こうしゃ》（一般聴衆への講釈と心学者たちの修業のための石門心学の施設。一七六五年〔明和二年〕平島堵庵が始めた京都の五楽舎が最初）の起こりとなりました。

†中沢道二《どうに》

この堵庵の所に来たのが中沢道二で、やがて一門の中で重きをなすに至りました。一七七九年（安永八年）、堵庵を江戸に招こうという計画が持ち上がり、このとき彼は代理講師として道二を送りました。彼は日本橋通塩町で講義を始め、石門心学はまたたく間に関東一円に広がりました。彼の弟子によって新設された心学舎は二一舎に及び、また道二は九州を除き二七カ国を遊説してこれを広めたのです。これにより、それまで主として町人の思想であった心学が、彼を通じて武家社会にもまた労働者階級にも広がり、一種の国民思想のようになっていきました。

†心学的世界観の限界

　山本七平は、手島堵庵及びその系統・分派すべてが包括された形で総合的な「心学的世界観」が形成され、それが様々な経路を経て、まず町人へ、ついで武士から下層労働者にまで浸透していったとし、「従って心学的発想の影響を受けていない日本人はいないと言ってよい」としています。

　では、心学的世界観の特徴と限界は何でしょうか。山本は、その最も大きなものとして、政治的な責任感の欠如と、歴史感覚の欠如を挙げています。

　まず、政治的な責任感の欠如ですが、町人はすでにかなりの実力を有していました。しかし石門心学では、政治はあくまでも武士の分担でした。そして、武士は社会の秩序を保ってくれるのだから、あくまでも四民の一番上に立つもので、町人はこれを立てるべきだという発想から、一歩も出なかったのです。

　したがって、徳川時代には、「体制の変革」を目指すという積極的な発想は、町人の中からは出てきませんでした。山本は、「これは、西欧の商人が、自らの手で参事会を形成して都市の自治を自ら守ったのとは、違う行き方である。したがって梅岩のような発想からは、市民革命は出てこなくて当然であっただろう」としています。

次に、歴史感覚の欠如ですが、山本はこれを日本人の一般的な特性だとしています。つまり、人間の心や社会の秩序を自然にできあがった秩序としてとらえ、未来から過去へと続く「歴史的な秩序」のひとつの段階にすぎないのだ、というふうには考えないのです。

筆者は、これを日本人のかなり重大な欠陥ではないかと考えています。歴史感覚の欠如とは、以前の出来事を、時代状況を考えずに現在にそのまま当てはめることであり、今の状態が将来も続くと決めつけてかかることでもあります。多くの大企業が過去の成功体験にこだわって、経営・製品のイノベーションを怠り衰退しているのは、その成功がある時代の特殊な状況だったからだということを忘れているからです。

時代が変われば、それに合わせたイノベーションが必要となりますが、今の状態が未来も続くと思っていますから、経営学的にいえば、現在の「金のなる木」事業にこだわっているうちに、「問題児」事業を「花形」事業へと育てるための投資を怠り、時代から取り残されて「負け犬」になってしまうのです。

この歴史的感覚の欠如は、将来の未曽有の危機に対する鈍感さにもつながります。たとえば一九八〇年代後半のバブルの当時、多くの人びとはバブルを「高度成長の再来」と考え、政府はバブル崩壊の危機が迫るなか、景気の名称を懸命に考えるという見当違いの対応をしていました。一九九七年の金融危機が発生する前は、七〇年代までの金融統制の記憶がまだ根深く残っていましたので、すでにバブル崩壊で金融システムが相当いたんでいるのに、世論の多数は「日本の金融システムは盤石」と思い込んでしまっていたのです（第二章参照）。

次に来る可能性のある「未曾有の財政危機」についても、同じことが起こるように思われます。消費税率の引上げは二〇一九年一〇月に延期されましたが、二〇一九年になっても、「今まで金利は上がってこなかったのだから、これからも上がるはずはない」という楽観論が優勢を占め、財政が実際に破綻するときまで、抜本的な再建が先送りにされてしまう危険があるのです。

2 渋沢栄一と『論語』——日本人の「忠誠と反逆」の論理

次に、渋沢栄一（二〇〇八）を中心に、資本主義と儒学の関係について考えてみましょう。渋沢栄一といえば、NHK連続テレビ小説『あさが来た』でも、五代友厚《ともあつ》と並ぶ経済界の大御所として登場していました。

†倒幕から佐幕へ

渋沢の前半生はとても数奇です。彼は、一八四〇年（天保一一年）武蔵国の血洗島（現在の埼玉県深谷市）で生まれました。実家の家業は藍の販売・養蚕と農業であり、農民としては上流に属し、父親も中国の古典である四書五経をよく理解していました。このため、渋沢少年も早くから『論語』を学んでいました。

しかし、若き日の渋沢は尊王攘夷の過激派でした。彼は一八六三年（文久三年）二三歳のとき、近隣の高崎城を襲撃した後、横浜を外国人もろとも焼き払おうと計画し、実行寸前で周囲の強い反対・説得によって断念しています。

その後、幕府の追及をかわすため、渋沢は一橋《ひとつばし》家の重臣のつてを頼り、家臣に成りすましました。ところが、それが縁で本当に一橋慶喜《よしのぶ》の家臣となってしまったのです。しかも、慶喜が将軍職を継いだため、彼は一転幕臣となりました。

渋沢栄一

慶喜にその才能を気に入られた渋沢は、陸軍奉行支配調役に取り立てられ、一八六七年（慶応三年）慶喜の実弟徳川昭武《あきたけ》の随員として、フランスに留学しました。その間に幕府は倒れ、明治新政権が誕生したのです。

†大蔵省の役人に

一八六八年（明治元年）に帰国した渋沢は、翌年大隈重信の推薦により、突然大蔵省租税正（現在の主税局長に相当）に抜擢されました。当時の大蔵卿（今の財務大臣）は元宇和島藩主の伊達宗城《むねなり》、大蔵大輔が大隈重信、少輔が伊藤博文でした。渋沢が二九歳のときのことです。彼は、後に大輔に就任した井上馨《かおる》に可愛がられ、今でいえば事務次官に相当する少輔事務取扱にまで上りつめました。

大蔵省勤務時代の渋沢には、次のようなエピソードがあります。

ある日の夕方、神田猿楽町の彼の自宅に西郷隆盛参議がふいに尋ねてきました。西郷といえば、大久保利通・木戸孝允《たかよし》と並ぶ明治初期の政界の巨頭です。彼の用件は、相馬藩の興国安民法の処置についてでした。興国安民法とは、二宮尊徳が相馬藩に招かれた時に作った財政・産業政策で、相馬藩繁栄の基礎となったものです。井上馨や渋沢が財政改革を行うに当たり、この興国安民法の廃止が議論に上がっていました。

これを聞きつけた相馬藩では、藩の存亡に関わる一大事ということで、西郷参議に興国安民法を廃止しないよう陳情しました。西郷はそれを認めましたが、大久保利通・大隈重信・井上馨に話しても相手にされそうにないので、渋沢を説き伏せようと考えたわけです。

西郷は渋沢に対して、以上のいきさつを述べ、せっかくの良い法を廃止するのも惜しいので、この法が残るよう力を貸してもらいたいと要請しました。しかし渋沢が法の内容を尋ねたところ、西郷は「それは知らない」と言います。そこで渋沢は、興国安民法について事前に十分調べていたので、逆に西郷に概要を説明しました。

それによれば、二宮尊徳は相馬藩に招かれると、まず同藩の過去一八〇年間の歳入について、詳細な各年の統計を作成し、これを歳入額の大きさにより六〇年ずつの三グループに分類しました。その中位グループ六〇年の平均歳入を同藩の歳入の基準としたのです。

次に、この各年統計を歳入額の大きさにより九〇年ずつの二グループに分類し、うち額の少ない九〇年のグループの平均歳入額を藩の歳出の基準とし、毎年の歳出はこれを上回らないこととさせました。そして、もしある年の歳入が幸いにも歳入基準を上回った場合には、その余った金額を荒地の開墾に回し、新たに増えた田畑は開墾の当事者に与えることとしたのです。

これを聞いた西郷は、「それなら同法は『入るを量り、もって出るをなす』（収入の大きさを基準に支出額を決める）という（財政健全化の）道にもかなない、誠に結構なことであるから、廃止しなくてもよいではないか」と言いました。

これに対し渋沢は、「確かに興国安民法を廃止せず、これを引き続き実行すれば、相馬藩はますます繁栄するでしょうが、国家全体のために興国安民法を考えることが、より一層急がねばならない仕事なのです。西郷参議は、相馬一藩の興国安民法は大事だが、国家全体の興国安民法を考えずに、そのままにしておいてもいいとのお考えなのでしょうか。いやしくもあなたは、一国の運命を両肩に担い、国政運営の大任務に当たる参議なのです。そのあなたが、国家の小さな局部である相馬一藩の興国安民法のためには走り回られるが、一国の興国安民法をいかにすべきかについてのお考えがないのは、まったくの本末転倒です」と厳しく論じました。

この渋沢の正論に西郷は何も答えず、黙って渋沢の家を去ったといいます。このエピソードを『論語と算盤』で紹介しながら、「とにかく維新の豪傑のうちで、いささかも虚飾の無かった人は西郷公で、実に尊敬にたえない」と渋沢は回想しています。

これは政治家と官僚の関係の、いわば理想の形を表わしていると言えるでしょう。政界の巨頭西郷の陳情に対して、正論を唱え一歩も退かなかった渋沢は立派ですが、それを素直に受け容れ、人事での報復といった器の小さい態度をとらなかった西郷は、やはり真の大政治家でした。こういう政と官の関係が戦後に長く保たれていれば、今のような深刻な財政危機はなかったかもしれません。

†実業界へ

一八七三年（明治六年）、大蔵省は、予算の大幅増額を要求する江藤新平参議・司法卿（法務大臣）や文部省と激しく対立しました。当時、木戸孝允・伊藤博文は岩倉具視《ともみ》右大臣の海外派遣使節団に随行して不在であり、西郷・大隈は江藤に味方したため、井上は孤立無援となり辞職に追い込まれてしまいました。このとき渋沢も井上と共に大蔵省を去ったのです。井上・渋沢は大蔵省を辞職するに当たって、財政改革を求める意見書を公表し、その中で財政赤字・債務残高のデータを国民に明らかにしました。これが財政の実情が国民に公開された最初であるといいます。

渋沢が実業界に乗り出すに当たり、かつての大蔵省の同僚が思いとどまるよう説得しました。当時はまだ、実業は卑しい世界と考えられていたからです。しかし、渋沢は「私は『論語』で一生を貫いてみせる」としてこれに応じませんでした。これを機に渋沢は、改めて学者について『論語』を学び直したのです。

これ以後、渋沢は経済人としての生涯を、『論語』を規範に生きていくことになります。途中大蔵大臣や日銀総裁候補の呼び声もありましたが、一九三一年（昭和六年）の死に至るまで、彼は実業界を離れることはありませんでした。

†渋沢にとっての論語

渋沢は、その著書『論語と算盤』で、『論語』二〇篇のどこを見ても、「徳の高い人になりたければ、財産や地位をあきらめなさい」という意味のものを発見することはできないと言っています。しかし、後世の儒学者がこれを誤り伝え、「経済行為は私欲であって、尊く賢い人のすることではない」とした結果、逆に「実業家の精神の大部分を利己主義にしてしまい、頭の中には仁義もなければ道徳もなく、甚だしいものは、法の網を潜られるだけ潜っても、ただ金もうけしたいという考え方にさせてしまった」と彼は考えるのです。

もっとも渋沢も、「とにかく世の中が進むにつれて、実業界でも生存競争がますます激しくなるは、自然の結果といってよい」としています。だが、「しかしこの場合に、もし実業家がわれ勝ちに私利私欲を計ることに懸命となって、世間はどうなろうと、自分さえ利益があれば構わないと言っていれば、社会はますます不健全となる」と指摘します。したがって彼は、実業家はできるだけ仁義道徳によって経済活動の道を進めていかなければならないとするのです。

このような渋沢の思想は、正に第一章で紹介したアダム・スミスの「財産への道」「徳への道」と共通するものがあると言えましょう。

†渋沢栄一の「士魂」

また渋沢は、菅原道真の唱えたとされる「和魂漢才」（日本人としての心を保ちながら、中国の学問を学ぶ）をもじって、「士魂商才」を唱えました。「人間の世の中に立つには、武士的精神が必要であることはもちろんであるが、しかし武士的精神のみにかたよってビジネスの才能がなければ、経済の上から自滅を招くようになる」と彼は指摘しています。

渋沢は、「武士道は即ち実業の道である」とも言っており、「武士道の真髄は、正義、廉直《れんちょく》（心が清くて私欲がなく、行いが正しくて正直なこと）、義侠《ぎきょう》（強きをくじき、弱きを助けること）、敢為《かんい》（物事を押し切ってすること）、礼譲（他人に礼をつくしてへりくだること）等の美しい気風を加味したもので、一言でこれを武士道というけれども、その内容は、なかなか複雑な道徳である」としています。そして武士道は武士のみならず、文明国における商工業者の拠って立つ道であるべきで、これがあってこそ、「一度約束した以上は、必ずこれを履行して、前にした約束に背かない」ことが可能になるとしています。

この武士道精神については、丸山眞男が「忠誠と反逆」（丸山眞男〔一九九八〕所収）という論文で、優れた解説をしています。彼の論旨は次のように要約できます。

①封建的な主従関係は、「御恩」としての主君から従者への領地の給付に対する、主君への従者の献身的な「奉公」によって成立します。「君、君たらずとも、臣、臣たらざるべからず」（主君がその地位にふさわしくないとしても、家臣はこれに忠誠をつくさなければならない）という考え方がありますが、この「封建的な忠誠」は、もっぱら権威への受け身の服従や、主君に対する消極的な従順を意味するものではありません。戦闘者としての武士の行動パタ

ーンは本質的にダイナミックであり、その忠誠の示し方も、著しく積極的で「臨機応変」なものでした。

②「臣、臣たらざるべからず」という考え方は、「君、君たらざれば去る」（主君がその地位にふさわしくなければ、家臣の立場を辞職して去る）という、中国流の淡白で、ある意味無責任な態度をあえて取らず、かえって主君へ向かって執拗で激しい働きかけを行うことになりました。絶対服従ではなくて、主君がその地位にふさわしくなるよう、主君を諫《いさ》めて主君と争う（諫争《かんそう》）方法をとったのです。

③徳川三百年の「文治」主義と天下泰平によって、本来戦闘者であった武士は将軍や殿様の官僚となり、後期に至っては忠誠の形式化・形骸化をもたらしました。けれども、幕末の動乱と、日本が欧米の植民地にされるかもしれない、という切迫した対外的危機意識は、一人で「お家」を担うという名誉と責任感と、それと結びついた「行動主義」を再び呼び起こすことになったのです。

歌舞伎の演目に『時今也桔梗旗揚《ときはいまききょうのはたあげ》』というものがあります。明智光秀（芝居では武智光秀）が織田信長（芝居では小田春永）に誇りを傷つけられ、ついに謀反を決意するまでの経緯を描いたものですが、光秀は信長が不快に思っても主君を諫めつづけます。腹にすえかねた信長は馬が水を飲む盥（馬盥《ばだらい》）に酒を注がせ、光秀に飲むよう強制します。

そのとき光秀は「主君が主君らしくしているのに、家臣としてまだ不十分なこの光秀、いただいた御盃、ちょうだいいたします」と返し、馬盥につがれた酒を一気に飲み干します。しかし、続けて信長が光秀の細君を侮辱すると、ついに光秀は堪忍袋の緒が切れ、信長への反逆を決意するのです。

これは、「本能寺馬盥の場」として有名なシーンですが、ここに日本の武士の忠誠と反逆の論理が集約されています。つまり、主君が主君にふさわしくなければ、立派な主君になるよう諫めつづけ、それでも駄目なら官を辞して去るのではなく、主君を入れ替える（場合によっては取って代わる）こともいとわないのです（この点は第五章でも解説します）。

このような忠誠心と反逆への行動主義が結びついた武士道精神が、倒幕運動・明治維新の原動力となったことは言うまでもないでしょう。とくに幕末の志士のなかには下級武士出身者が多かったため、明治維新は討幕にとどまらず、ついには版籍奉還・廃藩置県により主君をその地位から追ってしまったのでした。

3 「戦士市民」と「経済騎士道」——経済活動における「騎士道」とは何か

渋沢は武士道を文明国のビジネスの基本とすべきとしていましたが、このような考え方は、欧米でも唱えられていました。

†戦士市民

マックス・ウェーバーは、古代ギリシャ・ローマに見られるような戦士市民を重視していました。彼らは神官のような祭司権力や王権には隷従しませんでしたが、いったん国家・ポリスの危機が到来すれば、進んで甲冑《かっちゅう》を身につけ勇猛に戦ったのです。最近の映画では、古代ギリシャとペルシア帝国の攻防を描いた、映画『300』(スリー・ハンドレッド)に登場するスパルタ・アテネの市民の姿は、まさにこれに当たるでしょう。

またこの戦士市民のイメージは、シェークスピアの代表作『ヴェニスの商人』に登場するアントーニオの態度によく現われています。彼は金の貸し借りに、決して利子を要求しませんが、共同体において兄弟同然の関係にあるバッサーニオの遠大な計画のために、違約金として自分の肉一ポンドを切り取らせることを条件に、金貸しシャイロックから借金してしまうのです。このため、バッサーニオは、アントーニオを「古代ローマ人の名誉心を一身に備えている人間」と讃えています。

ウェーバーは、戦士市民の死滅が、古代経済社会を停滞させたと考えていました。そして、キリスト教が支配的地位を失った現代において、産業資本主義の化石化を防ぎ、倫理観を再生させるには、この戦士市民の精神を復活させる必要がある、と考えていたのです。

彼は、別の著『ヒンズー教と仏教』において日本に言及していますが、彼は日本の武士を古代ギリシャ・ローマの軍事貴族に通ずるものとして評価しています。

†経済騎士道

根井雅弘（二〇〇五、二〇〇六）によれば、近代経済学の父でもあるアルフレッド・マーシャルも、「経済騎士道」を唱えていました。

マーシャルの言う「経済騎士道」とは、

①企業家にとっては、その経済活動において、「他人より抜きん出たい」という願いを純粋に追求し、それによって蓄えた財産を、進んで公益のために提供するような態度を指します。

②労働者側にとっては、組合運動のなかで社会人としての教育を受けた労働者たちが、その所得を単に自分の安楽のためにではなく、自己の教養と仕事の能率を高めるために使うような生活態度を指します。

そしてマーシャルは、このような労使双方の努力に支えられてこそ、生活水準の向上や国民所得の増大が達成されると考えたのです。彼は次のように言います。

「実業における騎士道は、戦争における騎士道が、君主、祖国、または十字軍への私心のない忠誠を含んでいるように、公共的な精神を含んでいる。しかし、それはまた、高尚かつ困難なことを、それが高尚かつ困難であるがゆえに行うという喜びをも含んでいるのである。（中略）実業における騎士道は、簡単に手に入る勝利に対する軽蔑と、助力を必要とする人々を援助する喜びを含んでいる」。

つまり、経済活動における騎士道とは、高い倫理観をもって様々な経済的な困難に立ち向かい、それによって得た財産・地位で、社会的な弱者を救済することなのです。これは、第一章で述べたまさに資本主義と倫理の問題です。

†むすび

日本において近代資本主義がスタートするには、石門心学や儒学では限界がありました。徳川期には近代資本主義を受け容れる勤勉・禁欲の思想は存在しましたが、自らの主義に合わせて体制を変革し、近代資本主義を生み出すプロテスタンティズムのような強い思想ではなく、また歴史感覚にも欠けていたのです。

むしろ丸山眞男が言うように、幕末・明治期において体制の変革の原動力となったのは、武士道精神（渋沢栄一の言葉では「士魂」）でした。太平が続いた徳川中期には、武士道精神は「官僚の道」となったかに見えました。しかしたとえば、吉田松陰の「かくすれば　かくなる

ものと知りながら　やむにやまれぬ大和魂」という歌にみられるように、武士道は家・国家の一大事に際しては、情熱的な行動主義の精神をその内に秘めていたのです。

　とはいえ、明治政府が体制として確立し巨大化していく過程で、かつての幕末の志士はしだいに官僚化し、戊辰《ぼしん》戦争で官軍と戦った幕府の遺臣も、いつの間にか新政府の役人に組み込まれていきました。その風潮を攻撃したのが、近代思想・近代教育の父である福沢諭吉です。彼は「瘠我慢《やせがまん》の説」で新政府の高官となった旧幕臣たちを攻撃し、『丁丑公論《ていちゅうこうろん》』では西南戦争で政府に叛旗をひるがえした西郷隆盛をあえて擁護しました。諫争・抵抗の精神を忘れつつある当時の安易な時代風潮に、あえて福沢は異議を唱えたわけです。その意味で、彼もまた正真正銘の士魂を備えた武士でした。

　渋沢は教養・道徳のあるべき姿として『論語』を重んじ、実践に際しては武士道精神＝士魂で臨みました。現在も国難と言われて久しいわけですが、今こそ、国家・社会のためならばあえて諫争を辞さぬ、士魂をもった行動力のある人材が必要と言えましょう。

第四章　日本人の思考様式——「日本教」論

本章では、イザヤ・ベンダサンの日本・日本人論のエッセンスを紹介したいと思います。

筆者は大学時代、先般亡くなられた京極純一東大教授の「政治過程論」を受講しました。この講義は、民俗学的な観点を加えて日本の政治を分析したものでしたが、これまでにない日本政治への鋭い切り口に、筆者のみならず多くの学生が「目からウロコが落ちる」思いがしたものです。

その際、京極教授が柳田國男の著作と共に講義の必読書としていたのが、ベンダサン・山本七平の一連の著作でした。この意味で、彼が説いた日本人の思考様式の特徴を改めて紹介することは、これからの日本を考えていくうえでも意味のあることと思います。

1　日本教について——「日本教徒はいかにあるべきか」という教育

ベンダサン（一九七二）は、日本人は無意識のうちに「日本教」とでもいうべき独特の考え方に支配されていると主張しています。そのエッセンスを以下見ていきましょう。

実体語と空体語のバランス

彼は、日本という世界は、一種の天秤の世界であると考えます。この支点となっているのが「人間」という概念で、天秤の皿の方にあるのが「実体語で組み立てられた」世界で、分銅になっている方が「空体語で組み立てられた」もう一つの世界です。

「実体語」は一応我々がいう「言葉」だとすれば、これに対立する「空体語」とは、まさに天秤がバランスを保つため必要な分銅の役割をしている言葉です。天秤を水平に保つには、実体語と同じだけの重さの分銅が必要となります。

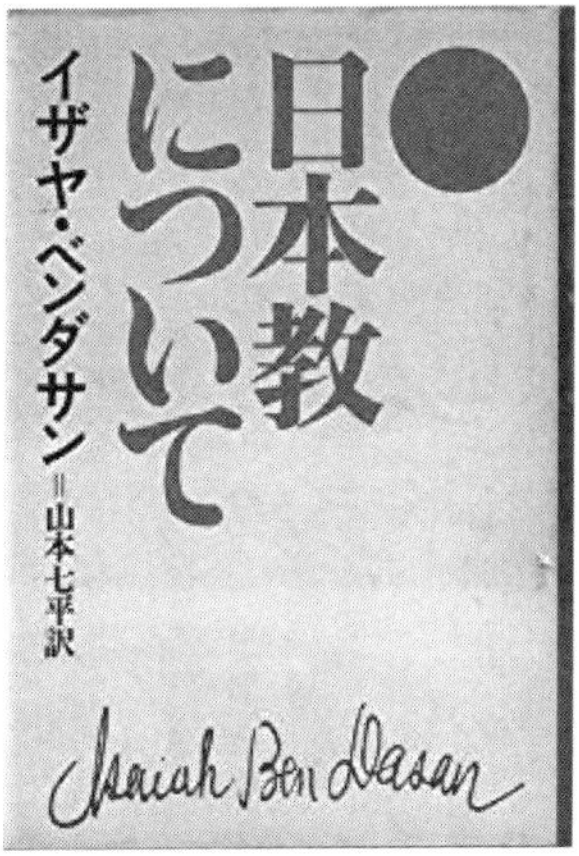

日本人の「考え方の型」の例として、彼は「自衛隊は必要だ。だがしかし、自衛隊は憲法違反だといいうる状態も必要だ」という論理を挙げています。この場合日本人は、「自衛隊は必要である」という「実体語」は口にせず、「自衛隊は憲

法違反であるといえる状態も必要である」という分銅＝「空体語」の方を口にします。

しかし、たとえ口にしなくても、実際には心の中で自衛隊の存在を認めていますので、それによって天秤のバランスが保たれているのです。「実体語」を「心のホンネ」、「空体語」を「タテマエ上のスローガン」と置き換えてもいいかもしれません。

†二つの歴史的事例

「現実問題」という「実体語」の荷が天秤皿にのると、バランスを保つためには、分銅の数を増やさなければなりません。こういう状況は常に、日本全体の問題にも、一個人の問題にも起こりえます。

①ケース１　開港と攘夷
幕末に、日本が鎖国をやめて開港せざるを得ない状況になったと、ほとんど全ての日本人（少なくとも知識人）が内心で感じたとき、激烈な攘夷論が起こりました。

ベンダサンは、当時の日本で、海外のことを最もよく知っていたはずの薩摩や長州の人びと、特に島津斉彬《なりあきら》のような大変開明的な人や、彼から教えを受けた人々が、本心からの攘夷論者であったとは思えないとし、すなわち「開港は必要である。だが、攘夷を叫びうる状態も必要である」というバランスの論理があったはずだと考えます。

したがって、「実体語＝開港」は沈黙し、さらに、開港が必要になればなるほど攘夷の声は高くなってゆき、ついに、天秤の分銅は最大限になっていきます。そしてその結果、天秤のバランスが崩れて一回転し、天秤皿の上の荷も分銅も落ちてしまう、すなわち「御一新」で、皿はカラ、分銅なしのバランス状態に戻ります。「したがって、攘夷論者が政権をとったのに開港したということは不思議ではありません、同じことをただ『空体語』で言っていたのですから。これは革命と呼ぶべきことではありません」と結論づけています。

②ケース2　終戦と一億総玉砕

ベンダサンは、実によく似たことが、第二次大戦の末期に起こっていると指摘します。「すなわち敗戦は避けられないとほとんど全ての人が内心で感じたとき、分銅は極限まで上がって『一億総玉砕』になり、ついで天秤は一回転して重荷も分銅も落ちてしまうと、天秤皿はカラで、分銅なしの虚脱状態、すなわち精神的空白のバランスが再現し、当然、言葉は失われます。そしていずれの場合も支点（人間）は微動もしていません」としています。

そして更に「将来も同じことが起こるでしょう」とし、当時軍備撤廃を主張していた政党が将来もし政権をとったならば、あっさり自衛隊を容認してしまうだろうと予言しました。その予言は自社さ政権の誕生（一九九四年〔平成六年〕）により、社会党が自衛隊・安保容認に政策を大転換したことで、ぴたりと的中したのです。

†三島由紀夫と司馬遼太郎

次にベンダサンは、「非日本教徒日本人」と「代表的日本教徒」の例として、三島由紀夫と司馬遼太郎を挙げています。

三島由紀夫は、一九七〇年（昭和四五年）一一月二五日、自衛隊市ヶ谷駐屯地での自決の際に「檄文」を隊員にばらまきましたが、ベンダサンによる「檄文」の要約をさらに単純化すれば、その基本的なロジックは、「法理論的には憲法で明白に否定された非合法の武装集団である自衛隊が、『護憲の軍隊』として認知され、自らを否定するものを守るという、その論理的矛盾は容認できない」ということになります。このように理屈を前面に押し出すやり方は、およそ日本教徒とはいえません。

しかし、ベンダサンがより興味をもったのは、非日本教徒日本人の三島ではなく、代表的日本教徒である司馬遼太郎でした。司馬は事件の翌日、一一月二六日の毎日新聞に「異常な三島事件に接して」と題する論考を寄稿します。この内容は、以下のようなものでした。

「思想というものは、本来、大きなフィクションであり、現実とはなんのかかわりもない。と

司馬遼太郎

三島由紀夫

ころが、思想を現実と結びつけるべきだという不思議な考え方が常にあり、特に政治思想においてそれが濃厚であり、たとえば吉田松陰がそれであった。

松蔭は日本人がもった思想家のなかで、最も純度の高い人物であろう。松蔭は、自分の思想を現実世界のものにしようという大作業をやろうとした。フィクションを現実化する方法は、狂気を発するしかない。当然この狂気のあげくのはてには死があり、松蔭の場合には刑死があった」。

ベンダサンは、司馬のこの論法でいくと、哲学者ソクラテスは狂人だということになると指摘します。プラトンが記しているソクラテスは、「私に関する限り、私には最良と思われる思考の結果であるロゴス（言葉＝思想）以外には絶対に従わない」と述べているからです。ソクラテスの場合は「思想」のみが「現実」であり、現実の「彼」は「彼の言葉」でした。

司馬の論法によれば、ソクラテスについても、「狂気を発して」「この狂気のあげくのはてに」死があったことになります。しかし実際には、ソクラテスは、極めて冷静かつ論理的に自問自答しているだけなのです。ソクラテスからすれば、「思想を現実と結びつけるべきだ」と考えない人間がいたら、その人間こそどうかしているということになるでしょう。

吉田松蔭

自分のロゴス（言葉＝論理＝思想）で自分と自分の世界を律することは、西欧人にとっては当たり前のことであり、ここに狂気が入る余地はありません。「言葉」が「人」である世界、「言葉」が「人間」を律しうる世界には、論理的狂人が存在するはずはないのです。ではなぜ日本教徒には論理的狂人が存在しうるのでしょうか。ベンダサンは、司馬の次の言葉にカギがあるといいます。

「松蔭の門下の一、二を除いては、思想と現実が別のものであることを知っており、現実を分析し現実的な行動によって歴史を変革することをなしとげた。というより、変革期にきている歴史の現実を、現実的にとらえることができた」。

ベンダサンは、ここに日本教の根本的な教義の一つがあるとします。すなわち、人間は天秤の支点であり、支点は天秤皿の上のもの即ち「実体語の世界」からも、分銅即ち「空体語の世界」からも、ある一定の距離を保っていなければなりません。したがって、「人間は言葉ではなく」「言葉で規定したとき、人間は人間でなくなってしまう」のです。

つまり日本においては、論理は人間という支点で中断され、これが直接に現実を律することはありえないのが正常なのであって、これを無視する者（論理に従って行動する者）が「論理的狂人」ということになります。したがって、人間という支点で論理を中断する者が、日本教では「非論理的正常人」となるわけです。

†純粋な人間

天秤が平衡を保つには、二つの要素が必要となります。一つは天秤皿の上のものと分銅の関係であり、もう一つは支点の位置です。支点が「天秤皿＝実体語」のすぐ近くに寄っていれば、ほんのわずかの「空体語＝分銅」で天秤はバランスを保つことができますが、もしこれが逆で支点が「空体語＝分銅」の方へぐっと寄っていれば、ほんのわずかの「実体語」とバランスを保つために、驚くほど膨大な量の「空体語＝分銅」が必要となります。

この支点の位置は、実はたえず移動しています。日本人全体を見た場合、時代によってこの位置が変わりますし、個々の日本人を見た場合、一人ひとりで各々この位置がはじめから違うのです。また一個人の生涯を見た場合、年齢により境遇により、この位置が変化していきます。ベンダサンは「人間は支点であって言葉では規定できない」が日本教の教義の第一条なら、「人間の価値はこの支点の位置によって決まる」というのが、日本教の教義の第二条ともいうべきものだと指摘します。

日本人は「人間」を「純粋な人間」と「純粋でない人間」に分けます。この「純粋」とは金属の精錬度の表のようなもので、「純粋度」は支点の位置で決まっています。つまり、支点が「空体語の世界＝分銅」に近づけば近づくだけ、その人は「純粋な人」ということになります。したがって、純粋の人とは非常にわずかの「実体語の世界」とバランスを保つために、実に大きな「空体語の世界＝分銅」が必要となるわけです。一方、「純粋でない人」は、支点の位置が「実体語の世界」に非常に接近していますので、ほんのわずかの「空体語の世界＝分銅」で、膨大な「実体語の世界」とバランスがとれることになります。

彼は、「従って日本教徒の考え方によれば、三島由紀夫は非常に『純粋な人』なのです」としています。

†「まず、人間であれ」

ベンダサンは、日本の新聞・雑誌を見ていると、繰り返し繰り返し、実に執拗なまでに絶えず強調されている言葉が「まず、人間であれ」という主張であるとします。「教師である前に人間であれ」、「政治家である前に人間であれ」、「裁判官である前に人間であれ」、「検事である前に人間であれ」、「官吏である前に人間であれ」、「宗教家である前に人間であれ」と続き、また「あの人はクリスチャンとしては立派だが、人間としては尊敬できない」という言い方もあり、さらに「父親である前に人間であれ」という言葉まであります。

彼によれば、この「人間であれ」とは、一言で言えば「まず、日本教徒であれ」ということであり、言い換えれば「日本教の教義（人間規定）に忠実であれ」ということだとします。したがって、日本人が「人間を尊重せよ」と言っても、これをヒューマニズムの意味にとってはなりません。日本人の言う「人間」は、日本教の教義の人間規定の意味でしかないので、「人間を尊重せよ」と叫びつつ、人間に暴行を加えることもできるわけです。

日本人は、物心のつくころから、食物の好き嫌いから思考のタイプに至るまで「われわれ人間（＝日本教徒）はいかにあるべきか」について、一貫した徹底的な教育をごく自然に受けており、新聞・雑誌等もまた常にこの考え方を強調しつづけています。こうして日本人の思考タイプは、しらずしらずに日本語と日本教の教義という実に強力な枠にはめこまれていて、この枠から出て「自由」に考えることは不可能に近くなっている、とベンダサンは指摘しているのです。

2　五・一五事件と純粋人間——法の前に、まず「日本教」の教えがある

†「人類史上、最も卑劣な事件」

ここで、ベンダサンは日本人的な情緒から完全に離れて、外国人の視点から見た一九三二年（昭和七年）の五・一五事件を、次のように描いています。

①青年将校達は、あくまでも日本帝国海軍軍人として軍服を着用し総理に面会を求めており、犬養毅《いぬかいつよし》総理はもちろん、暗殺者に面会を申し込まれて受諾したわけではなく、最後まで相手を名誉を重んじる帝国海軍軍人として遇し、官邸の応接間で接待用のタバコ入れのふたをとって、この暗殺者たちに勧めた。ところが次の瞬間、彼は射殺されたのであった。

②この海軍軍人たちは、軍服の名誉と自分の名誉をけがさず、卑劣な謀殺者でないことを証明するため、決闘の形をとろうとはしなかった。彼らはいきなり「問答無用」を宣告し、なん

ら武器なき老首相を、しかも数人がかりで射殺した。

彼は、「軍人と名乗る人間のうち、これほど卑劣な人間は、世界史にも類例がないと思います」と事件を評価すると同時に、「せめて形式だけでも老首相の手に拳銃を渡し、一対一で相対し、自らも死の危険を冒すことによって軍人の名誉を守ろうという考え方は、はじめから彼らにも日本人全般にもないのです。こういった倫理観は、元来日本人には皆無です」と指摘しています。

事件後、彼らを非難した新聞はありましたが、彼らを「卑劣だ」と言って公に非難した日本人は、ベンダサンの知る限りでは一人もいませんでした。しかし彼によれば、類似の行為を卑劣だと公に非難した日本人はただ一人おり、それは一九三六年(昭和一一年)の二・二六事件で青年将校によって惨殺された、大蔵大臣高橋是清の夫人です。彼女は事件直後に、「残酷と申すよりむしろ卑怯と存じ……」と語っているのです。ベンダサンは、「しかし彼女の言葉に賛同もしくは共鳴を示した者は皆無だったと思います」とし、「こういう点では『フェア』という言葉すら日本語にはありません。従って『フェア』という考え方はありません。日本人の道徳律はまた別のものです」と述べています。

†犬養首相殺害の論理

ベンダサンは、この事件を古代ローマの時代のブルータスのカエサル暗殺と対比します。ブルータスの論理は、あくまでも自分は共和国ローマに忠誠をささげた人間であると考え、したがって共和国を転覆しようとする者は、共和国への反逆者としてこれに対処するというものでした。

これに対し、五・一五事件の海軍軍人らは、天皇に対して狂信的なほど忠誠な軍人であったはずです。ならば、犬養老首相が国会の信任を盾に、天皇と対立していたのかと言えば、犬養首相はまことに天皇に忠実な首相でした。ではなぜ殺害されたのでしょうか。

これが明らかな天皇への反逆というのなら、話は分かります。しかしベンダサンは、この海軍軍人たちに、自分たちの行動が、少なくとも結果としては、天皇の権威に挑戦する行動であるとは全く考えていなかったとしています。ただ、天皇がこのような行為をどう考えるかは別問題でした。のちの二・二六事件においては、昭和天皇は青年将校による重臣殺害行為を反逆と理解し、直ちに鎮圧を命じたのです。

†三五万通の減刑嘆願書

青年将校らは反逆罪で極刑に処されることはありませんでした。反逆を犯したという意識は、反逆罪で起訴された彼らにはまったくありませんでしたし、起訴した検察官にもなく、裁判官にもなく、一般民衆にもなかったのでした。このため、彼らの受けた判決は一見重いようでしたが、実質的な服役では、その罪状から考えれば無罪に等しいものだったのです。

また社会も彼らを糾弾するように見えながら、彼らが裁判を受けている最中に、三五万通もの減刑嘆願書が裁判長の手元に送られていました。ベンダサンは、「これは日本裁判史上最高の数の減刑嘆願書ではないかと思います。従って戦後一部の日本人が常に主張するように、当時は軍部が横暴で、他の日本人は言いたいことも言えなかったのだ、とは言えません。嘆願書を送る義務は誰にもないはずですから」としています。

もっとも、立花隆（二〇〇五）によれば、事件発生当時は、新聞報道も軍人を非難する論調一色でした。ところが、一九三三年（昭和八年）五月から裁判が始まり、青年将校が東北農民の窮状を憂いて行動を起こしたこと、事件に農民決死隊が加わっていたことが明らかになるにつれ、世間の論調が変化していきました。寄せられた減刑嘆願書のなかには、全文血で書いたもの、血判を押したものもあり、新潟県からは九人の青年が各自、小指を根元から切断して嘆願書に添えて送ってきました。陸軍省はこの小指をアルコール漬けにし、法廷で紹介しましたが、裁判官・検察官・被告・弁護人・傍聴人までもが涙したといいます。

†日本教からの解釈

以上ベンダサンが述べた考え方は、すべて西洋の論理によるものです。もしこれを受け容れたならば、戦前戦後を問わず、日本のすべての秩序は崩壊してしまうことになり、そういう考え方は日本においては「非人間的」としてすべて排除されることになります。事実、五・一五事件の検察官の論告はまるで弁護士の弁論のようでしたが、それでも一応は法の論理にのっとっていたため、検察官は「非人間的」といった意味の非難をあびることになりました。

日本では法の前に、まず日本教の教えがあります。裁判がどんな形式で行われようと、裁判官は「裁判官である前に人間（日本教徒）であれ」であり、検事も弁護人も被告も一般大衆もすべてそうですから、まず日本教の教えの「人間規定」が優先するのは当然ということになります。

そこで、まず教義の第二条「人間の価値は支点の位置によって決まる」が取り上げられ、被告の支点の位置はどこか、すなわちその「純粋度」をどれだけと認定するかが、決定的な問題となるのです。この純度が決定した後に、はじめて法が適用されるわけですから、「人間は法の前に平等で、その行為のみが裁かれる」などということはありうるはずがないのです。ベンダサンは「この点は戦後も変わりません。変わったのはただ『純度表』の表現だけです」と結んでいます。

たしかに、戦後学生運動が盛んだったときに、材木商が学生にゲバ棒用の角材をプレゼントしたという報道がありました。その材木商は学生の「純粋さ」に感動して支援したと言います。しかし、連合赤軍事件をきっかけに、仲間うちでの残酷なリンチ殺人が明らかになり、内ゲバ事件が多発するうちに、学生の「純粋さ」に疑問がもたれるようになり、学生運動はしだいに社会の支持を失い衰退していったのでした。

3 「お前のお前」の関係——「言わせておいて、片づける」問題解決法

†安保教授の思想

当時日本のある新聞のコラムに、ある教授への批判記事が載っていました。その人の名は掲載されていませんでしたが、この教授（ベンダサンは、仮に「安保教授」と呼んでいます）は戦時中は帝国海軍の機関で働き、戦後は民主主義の旗手となり、ついで一九六〇年の日米安全保障条約の改定にあたっては、同条約の破棄を主張する一大運動の中心的指導者となりましたが、七〇年の同条約の自動延長に際しては、この問題に見向きもしませんでした。

そして記者から、これは変節ではないかと批判されたとき、「人が思想的に成長するのは当然のことで、人の思想的成長を認めないようなやつは撲《なぐ》ってやりたい」と言ったというのです。

おそらく、この「安保教授」とは、六〇年代に平和運動の先頭に立ち、八〇年代には一転して核武装を主張した清水幾太郎のことでしょう。彼が突然、核武装を唱えたとき、筆者はまだ大学生でしたが、福田恆存が清水の変節を激しく論難していたのを記憶しています。しかし、ベンダサンが興味をもったのは、「人の思想的成長を認めない者は撲る（撲ってやりたい）」という思想です。彼はこの思想の問題点を三つ挙げています。

①安保教授にとって、「思想とは踏絵」である。

安保教授は六〇年には「安保」という踏絵を熱心に差し出して皆に踏ませ、異端者へ苛酷な審問を行いました。ところが、七〇年には何もしませんでした。これは一見、何の踏絵も差し出さなかったように見えますが、結局安保教授は、踏絵の図柄を変え規模が小規模であったというだけで、同じことをやっていたのです。

つまり、「思想とは、人に差し出して何かを認めさせるものだ」という考え方を一貫して持ち続け、また、差し出された「思想」に、彼が期待するように応答しない人間は撲る（暴力によって排除する）という点でも、何の変化も認められないのです。

②この安保教授は「思想の成長を認めない者」への非難を、あくまでも一般論として述べてい

る。

彼の言い分を要約すると「人間は自由である。従って思想的成長も変化も自由である。この自由を認めないことは許されないことである。それゆえ、私の思想的成長を認めないことは容認できない。従ってそういう人間は容認できないから撲ってやる」ということになります。ここには、「思想的成長の自由」を認めないと、撲られて沈黙を強いられ、したがって「思想の自由」がなくなるという矛盾が存在するのです。

③安保教授は上記のことを一般論のように述べているが、「認める」「認めない」という踏絵方式には、二人称しか存在しない。

すなわちここでは、「踏絵」をはさんで、お互いに「お前」と呼び合う関係しか成り立っていません。

安保教授が「認めない者は撲る」というのは、「私」がそもそも存在せず、「お前」と「お前のお前」（お前が「お前」という者）が「私」の代りに存在しているだけだからです。つまり、「お前」が「お前」と認めてくれない限り、「お前が『お前』という者」すなわち「私」が存在しなくなってしまうのです。したがって「お前」と「お前のお前」という関係でないなら（すなわち私の存在を「認めない」なら）、「お前」は存在してはならない（撲って排除する）ことになります。

ベンダサンは、「これは日本教の教義に基づく普遍的な思想で、このことを日本人は『すべては相手の出方しだい』といいます。すなわち踏絵を契機として、それへの『お前』の反応によって『お前のお前』（すなわち「私」）が律されるわけで、これは、西欧の自律的・他律的とは全く別のことです」としています。

†「言わせておいて、片づける」

安保教授の踏絵すなわち彼の言う「思想」は空体語で、天秤皿の一方に載って分銅となっています。もう一つの皿には「実体語」（「撲る」も実体語です）があり、分銅とバランスの関係にあります。しかし支点である「人間」は、双方から一定の距離にあるので、安保教授はどちらの言葉にも規定されていないことになります。

分銅の刻印の変化（つまり主張の変化）を「認められて」いれば、これでバランスを保っていられるのですが、記者から「理」のある批判を受けると空体語は打ち負かされ、天秤皿の空体語＝分銅は次々に消去されていくことになります。するとそれに応じて天秤の支点は徐々に実体語の方に寄せないとバランスが保てなくなり、批判された人間は次第に沈黙します。

これが極点に達したとき、ついに支点と実体語が重なり、ここで「人間」は実体語に完全に規定されることになります。安保教授の場合は、実体語の皿に「撲る」ということばが載っていますので、最後は批判した記者を「撲ってやる」ことになるわけです。

ベンダサンは、「ここまで達した状態を日本では『言わせておいて、片づける』状態といい、その時に『天秤』はほぼ『実体語』を支点として一回転するわけです。そしてこれが、大小を問わず、日本におけるあらゆる問題の解決法なのです」とします。

その典型は日本のヤクザ映画の一シーンです。ヤクザ同士の縄張り争いが発生し、一方は盛んに抗議をして正論らしきことを主張します。しかし聞いている方は無言です。ところがある時点で、何かの合図かそれに似たものがあると、たちまち襖がさっと左右に開いて一団の人々が躍り込み、今まで正論らしきものを述べていた人々は、あっという間に「片づけられてしまう」のです。

そして、ここで非常に面白いことは、「言わせる」から「片づける」まで必ず一定の時間があることだとします。すなわち「あれだけ言われれば、撲るのもあたりまえ」と暴力が許される一つの状態が現出して、はじめて「撲ること」が公認されるわけで、それ以前に暴力を振るえば、それは暴力主義者として区別され、はっきり非難されます。

ベンダサンは、日本の大学紛争の処理の仕方がその典型であるとします。批判されている大学当局の教授は、一部の例外を除いてほぼ沈黙し、それが一定の段階に達して、大学の総長が何か合図らしきことをすると、たちまち警視庁の機動隊が現われて、あっという間にすべてを

「片づけて」しまったのでした。

東大の京極純一教授は講義のなかで、この「言わせておいて、片づける」というのが、日本の政治における重要な問題解決方法であると強調していました。

4 日露戦争と太平洋戦争――日本人の意思決定は「空気」の問題

†安保教授とバイカル博士

一九〇五年(明治三八年)、日露戦争を終結させるポーツマス講和条約が締結された際、この講和条約は屈辱的であるから破棄せよといって民衆が大暴動を起こし、日比谷公園が焼き討ちされ首都は大混乱に陥って、ついに政府はこの鎮圧のため戒厳令を布告せざるを得なくなりました。

ベンダサンは「この状態は非常に不思議です」とします。あの時期に講和に持ち込めたことは、戦費も武器弾薬も動員力もゼロとなっていた日本にとっては、天の助けに等しいことでした。もし民衆がこの状態を理解しないため暴動を起こしたのなら、その状態を正しく民衆に知らせるのが知識人・言論人の役目のはずです。

しかし彼は、「事態は全く逆でした。当時、東京帝国大学に『バイカル博士』というニックネームを奉られた教授があり、この人が『バイカル湖まで日本の領土とすべきだ』などという夢物語のようなことを強硬に主張し、また多くの新聞もこういった議論に同調するかのような強硬論を展開したため、一般民衆はこれに扇動され、政府がいたずらに軟弱なため不当な屈辱的な講和条約を締結したと信じて、暴動を起したわけです」と説明しています。

立花隆（二〇〇五）によれば、この「バイカル博士」は法科大学（当時、東京帝国大学は学部制ではなく、単科大学の集合体でした）の戸水寛人《とみずひろんど》教授であり、彼はこの言動を理由に一九〇五（明治三八年）八月、文部省から休職処分を受けています。

ところでベンダサンは、「これは一九六〇年の日米安全保障条約改定のときと非常に似ております。『バイカル博士』や『安保教授』は常に日本で活躍し、今も活躍をつづけて、言論機関を通じて民衆に大きな力を振るっております。だが、こういった『教授』や『博士』の学問上の業績となると、私の知る範囲ではゼロです」と皮肉っています。

†なぜ政府は実情を国民に知らせなかったか

ここで、一体なぜ政府が実情を率直に国民に知らせなかったのだろうか、という疑問が起こります。当時の首相は桂太郎でした。もし彼が、日本はすでに動員力はゼロ、予備の師団もゼロ、戦費もゼロ、いやそれどころか戦線を維持するため必要な最小限の銃砲弾さえゼロに近いこと、そしてこの機会をのがして長期戦になったら恐怖すべき逆転が起こることは議論の余地ない自明のことであると、細かい資料を揃えて国民に提示すればよいではないか。それさえすれば、バイカル博士の夢物語などは、笑い話として逆に国民の嘲笑を買い、自然に消滅するではないか。そのようにわかりきったことをなぜしないのか、という疑問です。

ベンダサンは、「これは実に不思議に見えますが、そういう現実を口にしたときどういう反論（または反発）が起こるかは、日本人にはわかり切ったことなので、それが口にできないのです。（中略）日本人はこの際、打てばひびくように、次のように言うのです。『そういう弱気だからこそ、今日の屈辱的講和を招いたのだ、その弱気が悪いのだ、政府が悪い、桂首相が悪い』と。そして新聞も民衆もこの反論にくみすることは火を見るより明らかなのです」と説明し、「実に奇妙な論理ですが、日本教徒はこの論理に反論できないのです」とします。

†太平洋戦争への道

続けてベンダサンは、「日本人はよく、日支事変から太平洋戦争にかけて、軍部が言論を統制して国民に事実を知らせなかったからあのような結末になったのだと主張します。しかしこの主張は偽りです。もし偽りでなければ自己欺瞞です」と指摘し、次のように述べています。

「国民には何もかもわかっていたはずです。政府が発表しようがしまいが、中国の戦線は膠《こう》着《ちゃく》状態、また日常の最低限の必需品は次々と姿を消し、前途には何の見通しも立っていない。日本軍が中国で保持しているのは点と線に過ぎないことは、（中略）当時の新聞記事を見れば、だれの目にも明らかです。しかも大陸から復員して来るおびただしい数の兵役を完了した老兵士たちは、その実状を知人・友人・親戚等にはありのまま語っていましたから、すべての日本人は、驚くほど正確に実状を知っておりました。実状を知りかつ見通しは全くつかないがゆえに、国民の全員がこの事変について非常に強い不安感をもっており、従ってこの早期解決を、いらだたしいまでの焦燥感をもって待望しておりました」。

しかし、それでいて国民はだれひとりその「実状」を公の場で口にできませんでした。ベンダサンは「口にしたら最後、『そういう弱気なやつがいるから今日の事態を招いたのだ』という反論（？）に会い、その『弱気を口にした人間』が今日の事態の全責任を負う結果になるからです」としています。

そして、「これは応答できない論理ですから、議論は不可能です。従って日本人には議論はありえません。従って議論のかわりに、日本独特の『対話』という不思議な方法で事態を収拾することになります。すなわち言葉を、二人称だけの関係に入るための手段として使う一定の方式です」とし、「二人称だけの世界」の不思議な対話方式を明確にしないと、日本人の言う

「責任」の意味が理解できない、と指摘します。これは、日本人の意思決定に重要な作用をおよぼす、「空気」の問題でもあります。「空気」については、第五章で紹介することにしましょう。

現在も書店では、対中関係をはじめ好き嫌いの感情に基づく、極端な言論の書が並んでいます。その方が売れるからでしょう。しかし極端な論調が国策を動かした一例を挙げれば、戦前には日中戦争の泥沼化のなかで、中国の蔣介石政権をイギリスが支援しているから事変が片付かないのだという理屈から、「反英運動」と呼ばれる大衆運動が盛りあがりました。

やがてナチス・ドイツの勢力の急拡大・アメリカの対日政策の硬化とともに、さらに世論が親ドイツ・反英米論調へと変貌していくと、政府はしだいに追い込まれ、アメリカ・イギリスとの外交的妥協が困難になりました。一九四一年（昭和一六年）当時の政府は、日米に圧倒的な国力の格差があることは分かっていても、もはや誰もが「米国との戦争には絶対勝てません」とは言えなくなり、先の見通しが立たないままに、国策を対米英開戦という誤った方向に導いてしまったわけです。

確かに、日露戦争においても両国の国力の格差は明らかでした。しかし当時は、帝国ロシアの国力が既に傾き、新興国アメリカが中立的態度を取っていましたので、緒戦で日本が勝利すればアメリカが仲裁に動いてくれる可能性がありました。しかし、日米開戦の際には、日本が仲裁を期待していたソ連は、四一年の時点で日本の同盟国ドイツと全面戦争に突入していたわけですし、アメリカの国力は隆盛を極めていたわけですから、全く国際情勢が異なっていたのです。

日露戦争の開始と終結の決断を行ったときの政府は、世論がどんなに感情的になっていても、国際情勢を冷静に分析し外交判断を行うことができましたが、太平洋戦争開始の決断では政府が強硬な世論（「空気」）におし流されてしまいました。この教訓を、私たちはよく認識しておかなければなりません。

5　不思議な「対話」の世界——日本の「話し合い」とは何か？

次に、ベンダサンは、「二人称のみの世界の対話方式」の成功例・失敗例を紹介します。

†恩田木工《もく》

まずは、恩田木工のエピソードです。彼の業績は『日暮硯《ひぐらしすずり》』（恩田木工の藩政改革に関する説話風の著書。筆者、制作年代不詳）に詳しく紹介されています。ベンダサンによれば、この本は戦争中アメリカのある機関で、日本理解のために徹底的に研究されたと言います。

一七五六年（宝暦六年）ごろ、信州松代藩は洪水・地震その他のため財政困難となり、幕府から一万両借金しましたが、それでももうどうにもならないところまで追いつめられました。松代藩といえば、NHK大河ドラマ『真田丸』の主人公真田信繁の兄、信之がたてた藩です。しかし、このときは財政危機が深刻化し、百姓一揆は言うまでもなく、足軽のストライキまで発生したのです。

この難局に直面した藩を一三歳で相続した名君幸弘は、わずか一六歳のとき、末席家老の恩田木工の人物を見抜き、彼を登用して全てを改革しました。当時三九歳の恩田木工は、はじめ辞退しましたが許されず、そこでまず全権委任を明確にしてもらい、そのかわり自分の任期を自ら五年と定め、もし失政があればどんな処分でも受ける誓いを書面で差し出して、これを引き受けました。

彼が行った財政再建の方法は、「債務は一切帳消しにする」というものでした。具体的には、次のようなものです。

①二年先、三年先まですでに租税を納めている者については「お上の取り得」とし、返済しない。ただし、今後は前納を要求しないし、足軽派遣による年貢催促はしない（当時足軽が年貢催促で村に派遣されると五―七日滞在し、その間乱暴したいほうだいなので農民は迷惑していま

した)。
②俸給を二分の一しか払っていなかった政庁の武士達に対しては、その未払い分を帳消しとする。今後は全額支払うが、公務をおろそかにした場合には必ず罰する。
③金を借りた町人に対しては、支払は無期限に延期する(ただし、「お前達の子孫に払えるかもしれない」と言い添えています)。他方、今後は賄賂・御用金を要求しない。
④租税の納付不能な者に対しては、その未納分を徴収しない。
⑤以上既存の債務を帳消しにしたうえで、当年分の租税は月割りにして完納させる。
ベンダサンは「皮肉な言い方をすれば、もしこういう方法が可能ならば、現在の世界のあらゆる破産者も即座に立ち直れると思います」と評しています。しかし、領民たちは喜んでこれに従いました。そのカギは彼の「対話」の方法にあったのです。

対話を始める前に、彼はまず自分が「純粋人間」であることを立証しようとします。具体的には、今後は一汁一飯のみとし、衣服は新調せず、妻は離婚し、子供は勘当し、親類は絶縁し、雇人は全部解雇すると申し渡したのです。関係者が驚いてその理由をたずねますと、今後自分は一切「無責任な発言をしない」。しかし女房をはじめ子供、家来、親類たちがいい加減なことを言うならば、「木工が無責任な発言をしないと言っても、近い親戚はじめ身内の者があの通りならば、木工だってあやしいものだ」と疑われてしまうことになり、これでは改革ができないからであると説明します。

そこで一同は、自分らも一汁一飯、一切いい加減なことを言わないから、今までのままにしてくれと懇願し、誓いの書類を差し入れて、ようやくもとのままでいることを許されたのでした。

木工は次に領民との「対話集会」を開きます。すなわち総百姓に「よくものを言う者」を連れて城中に集まるようにお触れを出したのです。この場で、木工はまず「自分が立つも倒れるもお前たちの意向しだいである」と宣言します。これは多数決による支持を求めるということでなく、「お前のお前」という関係である間は「お前のお前」（すなわち「私＝木工」）は存在する、という意味です。

ついで木工は、租税の徴収に関して、それまでに行われてきた違法を一つ一つ指摘し非難していきますが、その最後に必ず「こうは言ってみたものの、それは理屈である」とし、このような違法が行われたのも「ただただ主君を思うがゆえである」と付け加えるのです。

すなわち「ただ主君のため」「ただ領民のため」という二人称の関係（「お前」と「お前のお前」の関係）をそのたびごとに強調し、その関係が法に優先することを確認してゆきます。この方式で木工は、自分の行おうとすることはすべて「純粋」に領民のためのみであることを一歩一歩立証し、最後にはさきほどの再建案を全員が喜んで承諾するように運んでいってしまったのです。

†三里塚

ベンダサンは、「たとえ実際には、自分の方針を一方的に強行した結果になることがはじめから明確であっても、この『話し合い』は必要なのです。なぜか？ 簡単に言えば、日本語には『二人称』しかないからです。すなわちこの『対話集会』で『お前』と『お前のお前』（お前がお前と呼ぶ者）という関係に入り、それが確認されてはじめて、無視されていない者、すなわち認められた状態になるのですから、そこで初めて『お前のお前（私）』が存在しうるわけです」と説明しています。

したがって「話し合い」をしないと、恩田木工の場合は「農民を無視した」ということになり、安保教授の表現を借りれば「撲ってやる」ことになるわけです。

こうなってしまった一例、すなわち失敗例として、ベンダサンは一九六〇年代半ばに起きた「三里塚闘争」を挙げています。当時、この地に空港を設置しようとする政府と、飛行場予定地から頑として撤去しない農民、及びこれに加勢した学生達との間の争いで、ついに三人の警察官が殺害されるにいたり、欧米の新聞にまで事件が報道されていました。「ところがこれを報道し、かつ論評を加えている新聞が一致して主張しているのは、『政府は最初から一度も農民と話し合いをしていない、それがよくない』ということです」と指摘します。では、ここでいう「話し合い」とは一体何を意味するのでしょうか。彼は二通りの解釈がありうるとします。

①政府は農民と話し合って、農民の承諾が得られたなら飛行場を設置し、得られなければ飛行場の設置は中止すべきだ。

②飛行場設置によって生じる農民の損害補償について話し合うべきだ。

②の意味であれば、それはすでに行われており、多くの農民は代替地と補償金を受けてすでに移転していました。では①の意味でしょうか。ベンダサンは「しかし①の意味なら、今でもなお徹底的に反対している農民が現にいるのですから、今すぐにでも中止すべきだという主張になるでしょう。だが、(新聞が言っているのは)そういう主張ではないのです。これは、飛行場設置に先だって『対話集会』を開かなかったのがよくない、という主張なのです。

これは恩田木工が『債務はすべて一方的に帳消しにする』、その上で『今年分の租税は全額徴収する』と一方的に布告すれば、全領民が一斉に蜂起したであろう、と思われるのと同じ状態を現出してしまっているわけです。したがって、これが政府の手落ちであることは、少なくとも『二人称しかない世界』では、事実でしょう」と結んでいます。

6 「ゴメンナサイ」は責任解除

†「狸」と「坊っちゃん」

夏目漱石の『坊っちゃん』には、次のような描写があります。

「坊っちゃん」が赴任して間もなく、宿直の夜、寄宿舎の生徒たちが集団で彼をからかって騒動を起こしましたが、この生徒への処罰を合議する教職員の会議で、校長の「狸」が次のような意見を述べました。

「学校の職員や生徒に過失のあるのは、みんな自分の寡徳《かとく》のいたすところで、何か事件があるたびに、自分はよくこれで校長が勤まるとひそかに慚愧《ざんき》の念に堪えんが、不幸にして今回もまたかかる騒動をひき起こしたのは、深く諸君に向かって謝罪しなければならん」。

これに対して「坊っちゃん」は、次のような感想を抱きます。

「おれは校長の言葉を聞いて、なるほど校長だの狸だのというものは、えらいことを言うもんだと感心した。こう校長がなにもかも責任を受けて、自分の咎《とが》とか、不徳だとかいうくらいなら、生徒を処分するのは、やめにして、自分からさきへ免職になったら、よさそうなもんだ。

そうすればこんなめんどうな会議なんぞを開く必要もなくなるわけだ」。

これにつきベンダサンは、「まことにその通りと思われますが、しかし坊っちゃんのこの感想は、日本教では誤りです」とします。校長の狸が言っていることは、「自分は（寡徳で）純粋度が足りなく、生徒との『対話』が不完全で『二人称』の関係に入りえなかったことは、自分の責任だ」という趣旨です。そして「それは私の責任だ」ということによって、逆に自分の純粋性を証明すると共に「二人称」の関係に入ろうとしているのです。

そして、「『責任』という日本語には『応答の義務を負う＝レスポンシビリティ』という意味は全くないのみならず、『私の責任だ』といえば逆に『応答の義務がなくなる』のです。従って、もしこれに対して責任を追及すれば（応答の義務の履行を要求すれば）、逆に『相手は自分の責任を認めているのだから追及するな』といわれ、追及する方が逆に非難されます」とし、「これは考えてみれば二人称の世界では当然のことで、『私の責任』とはつまるところ『お前の責任』ですから、この場合、応答の義務を負うのは『お前』の方になるのです」と解説しています。

†「ゴメンナサイ」の教育

ベンダサンによれば、日本では、子供が物心がつくとすぐ「私の責任＝責任解除」という教育が、ほとんど無意識のうちに徹底的に行われます。日本人のうち、子供のときに「(私の責任です)ゴメンナサイ(またはスミマセン)と言ってあやまりなさい。そうすれば(そのことの責任は追及せず、無条件で)ユルシテあげます」と言われなかった者は一人もおらず、いわばこの考え方は「子供のとき尻から叩き込まれている」のです。

もし子供が、その行為に対して、むしろそれに相当する処罰を受けた方がよいと思って「ゴメンナサイ」とも「スミマセン」とも言わなければ、この「ゴメンナサイ」とも「スミマセン」とも言わないことに対して「強情なやつだ、ゴメンナサイと言え」といって、ゴメンナサイと言うまで処罰が続けられることはありますが、この処罰はあくまでも「ゴメンナサイ」と言わないことに対してであって、そのもとになった行為に対してではありません。

このように、「取りあえずあやまれば済む」という発想は、最近頻繁に行われる各界の謝罪会見をみても分かります。「世間をお騒がせして申し訳ありません」「ファン・支持者の方に申し訳ありません」というのは、いったい誰にあやまっているのか、何をあやまっているのか、自分が悪い事をしたと思っているのか、きわめてあいまいです。

かつての「一億総懺悔《ざんげ》」は、戦争指導者の責任をあいまいにしました。この、取りあえずあやまって責任を回避する方法は、実はまったく真の反省・検証が行われていないので、過去のあやまちをより大きく繰り返す危険があるのです。

第五章　日本人の意思決定方式——「一揆」と「空気」

第四章では、イザヤ・ベンダサンの「日本教」論を紹介しました。今日では、ベンダサンと山本七平はほぼ同一人物と考えられていますが、両者の文章を読み比べてみますと、ベンダサンがかなり論争的で、現実の事件を積極的に引用しているのに対し、山本七平の文章はやや抑制的です。おそらくベンダサンの筆名には山本七平以外にも、政治に詳しい人物がタッチしていたのでしょう。そこで、本章では、山本七平が自身の名前で語り出して以降の日本・日本人論をみていくことにします。

ここでは山本七平（二〇〇六、一九八七、一九八三）を参照しつつ、日本における独特な意思決定の歴史を紹介して、考察していくことにしましょう。

1　日本には「直接民主制」があった

山本は、アメリカがもたらしたアメリカン・デモクラシーが受入れられた理由は、日本文化の蓄積の中にアメリカン・デモクラシーと何か共通するものがあり、それが米軍による占領の際に「掘り起こされ共鳴した」ためだと考えます。それは直接民主制の伝統です。

そして、民主主義の原理が最も単純な図式で現われているのが「直接民主制」であると考えます。直接民主制においては全員を拘束する法や規則の制定、さらに全員に行動を起こさせるような重要な決定は、その成員の全員に一人一票の秘密投票で賛否を問い、多数決をもって全員の意思として決定します。

これが最も初期の段階で、ついで執行部の選出も秘密投票で行い、この執行部内の議決も秘密投票で行うという形に進んでいきます。そして組織が複雑で規模が大きくなれば第二段階から第三段階へと進みますが、山本は「この発展は、直接民主制という第一段階がない限り、あり得ない」とします。

山本七平

続いて彼は、「そこで問題はこの第一段階が、その国の文化的蓄積の中にあったか無かったか、次には、それが一国の中の特殊な集団のみで行われていたのか、特殊な集団内から広がって全国的な規模となり、庶民に至るまでそれを当然とする状態を生じ得たか否か、それが文化的蓄積の分かれ目となる」とし、日本の歴史を考察していくのです。

2　原始仏教の「多語毘尼《たごびに》」――最初の多数決

山本は、重要な決定に対しては全員で会議をし、多数決で議決のうえ決定する方式の最初は、原始仏教の議決方法「多語毘尼」等に根拠を求めることができるとします。これは教団内の諸問題の解決法を示した経典で、その一つとして多数決があり、公開投票・半公開投票・秘密投票の三つが記されています。

これに基づいて、「満寺一味同心」という形で寺院全体の意思決定をし、行動を起こすには、「満寺集会」という衆徒全員の出席する会で「大衆僉議《せんぎ》」という表決を行い、そこで多数決によって議決しなければなりませんでした。この「大衆僉議」には細かいルールがありました。『平家物語』に記された延暦寺の例によれば、「満寺集会」の「大衆僉議」に出るのは神聖な義務で、出席しないと罰せられたとされます。延暦寺の衆徒は三〇〇〇人なので、一同は大講堂の庭に集まります。そのときの服装がたいへん変わっていて、全員が破れた袈裟で頭を包み顔を隠すのです。誰であっても、頭や顔をあらわにして出席することはできません。さらに声を出すとき、鼻を押さえ、声を変えねばならない決まりになっていますから、隣に座っている人間が誰だかわかりません。いわば、平安時代版コスプレといったところでしょうか。

するると、これも誰だかわからぬ一人が、声を変えた大声で「満山の大衆は集合したか」と叫び、提案の趣旨を説明し、一案件ごとに賛否を問い、各人の判断に従って賛成の場合は「もっとも」、反対の場合は「このいわれなし」と叫びます。このようにして議決が終われば、文書にまとめられることになります。

人々は姿や声を変えたとき別人格となった（様々な「縁」を断ち切り、神の前で良心のみに従って投票した）わけですから、多数決に表われたのは「神の考え」・「神の意志」ということになります。したがって神の考えとしての満寺集会の議決と朝廷の方針が真っ向から対立した場合には、寺院側は神輿を奉じて都に大挙おしかけ、「強訴《ごうそ》」を行いました。

3 「貞永式目」の正統性論理——多数決の浸透

†新しい武家秩序の形成

日本史上はじめての天皇家と武家との正面衝突となった承久《じょうきゅう》の乱（一二二一年〈承久三年〉）後、鎌倉幕府は天皇の実権を奪い、全日本を実質的に統治するようになりました。

とはいえ、源頼朝の直系はすでに絶えていましたから、何らかの伝統的権威で武士団を統制していくことはできません。そして、頼朝さえその権威を用いかつ尊重した朝廷を、幕府は自らの手で倒してしまっていました。新しい武家的秩序を維持していくには、全国を律する新しい法の制定が必要でした。それが「関東御成敗《ごせいばい》式目」（一二三二年〈貞永《じょうえい》元年〉）、俗にいう「貞永式目」の公布だったのです。

†多数決方式の採用

この「貞永式目」の権威付けに用いられたのが、前述の「満寺集会」の「大衆僉議」と同様の多数決方式でした。

とはいえ、武家社会における多数方式の採用は、決して寺院のそれのように簡単にはいきません。寺院にいるのは「出家」であり、一族一家と縁を断ち、一個人として仏に仕えている身ですから、個人の投票により神の意志を問うという方式は成立しやすいわけです。だがその彼らでさえ、一切の雑念を払い、一個の別人格となって秘密投票をするには、ある種のルールに基づく儀式的行為が必要でした。

だがこれが武家となりますと、彼らは「出家」ではなく俗人であり、当時はそれぞれの族縁的なつながりをもつ集団の一員であり、その集団が軍事的には戦闘単位であって、その結束はきわめて強いものです。こういう社会で公正な法を制定しようとするなら、それを制定する委員は「出家」したような状態、言い換えれば「族縁を断って私心・私欲なき状態」にならねばならず、ついであくまでもその状態で決議することを、そのメンバーが絶対とする神もしくは神のような対象に誓約しなければなりません。それが起請文《きしょうもん》で、一種の宗教的な宣誓です。それをした者は「一味」「一同」とされますが、これらの言葉は現在用いられるよりも、はるかに強くかつ深い意味をもっていました。

†「貞永式目」の起請文

「貞永式目」は幕府の最高官僚である評定衆一三人の多数決によって制定され、その末尾に起請文があります。

「貞永式目」起請文のポイントは、以下の三点にありました。

①評定会議で道理にかなっているかを判断する際、各人は訴訟関係者との人間関係や好き嫌いの感情を一切断ち切り、ただ道理と自らが心の中で考えていることのみを、他のメンバーの思惑を考慮せず、権力者を恐れることなく、発言すべきである。

②決議し終わった条文がもし道理にかなったものであったら、評定衆全員の道理にかなった行為とすべきであり、また根拠のない間違った決議をした場合も同じように一同の連帯責任とすべきである。

③以上のなかで一つでも違反するならば、梵天・帝釈・四大天王、また日本国中六十余州の大小神々、とくに伊豆・箱根両所権現・三嶋大明神・八幡大菩薩・天満大自在天神の罰を各人が受けるべきである。

彼らが誓った対象をみると、神と仏が入り混じる状態は彼らにとって常識だったということがわかります。冒頭に出てくる梵天・帝釈は国土の守護神、四大天王は仏法を護持する者、ついで日本国中の大小神々が出てきて、次に伊豆・箱根両所権現が出てきます。これは頼朝以来、幕府に最も尊ばれた神社であり、つづく神社は幕府及び武家に崇拝される神社でした。

山本は、鎌倉武士はとても宗教心が篤かったので、その信仰の対象に、私心なく道理の有無を決断することを誓いさえすれば、当然に「日本国中六十余州の大小神々」のもとにいる日本人には、権威をもつ法であると信じたのだろうとし、このように多数決の議決によって日本の固有法が成立したことは、延暦寺や高野山で発生した「多語毘尼」による議決方式が、僧侶でない武家階級にも浸透したことを示している、と指摘しています。

4 「一揆」という契約集団の成立

一三三六年（建武三年＝延元元年）足利幕府は成立しましたが、後醍醐天皇は吉野に移って政権回復の戦いを続け、また足利幕府自体も分裂し、諸国の武士は自己の所領を安堵してくれる政府を失ったような状況になりました。こうなれば各人が何らかの契約を作って団結し、自らを守る以外に方法がありません。

こうして成立したのが「一揆」であり、国人（在地小領主）も農民・商人・僧侶も一揆を形成しました。一揆の形は様々であり、はじめは一族を再団結させる一族一揆、ついで一族のほかに有力者を加えた一揆、血縁と全く関係なく地域の利害に基づく一揆が発生しました。このような過程を経て、日本社会は血縁集団から一揆という契約集団へと、徐々に変遷していったのです。

†山内一族一揆（一三五一年〈観応二年＝正平六年〉）

これは足利尊氏・直義《ただよし》の兄弟が不和となるなかで、山内一族として直義に軍事的な忠誠を尽くすことを約束したものであり、一族一一名が連署しています。山内一族は、現在の広島県庄原市一帯を中心に、鎌倉時代以来、地頭として勢力をのばしてきました。

一揆においては通常、起請文を二通以上作成し、一通は起請の対象である神社に奉納し、一通は焼いて灰にして水に混ぜ神水とし、それを一同で飲みました。この儀式を行った者が「一味同心」で、この宣誓を破ることは絶対に許されなかったのです。

†安芸《あき》国国人一揆（一四〇四年〈応永一一年〉）

これは、安芸国の国人三三名が契約して、前年に任命された守護山名《やまな》満氏《みつうじ》に抵抗することを誓った文書です。

当時、安芸の守護の支配権は弱体化していました。そこで新任の山名満氏は、幕府の指示をたてに国内の領主たちへの支配権を強化しようとしました。これに危険を感じた国人領主三三名が、対抗のため団結したのがこの文書でした。

時の幕府の実質的な最高実力者は、将軍職を義持に譲り出家していた足利義満でした。彼は妥協を選び、満氏は罷免されて帰京し、新たに山名熙重《ときひろ》が守護に任命されました。同時に、首謀者の平賀弘章や毛利光房は起請文を提出して幕府に服従を誓い、これに対して幕府は罪を問わないこととして、一件落着となったのです。

†一揆の絶対化

一三〇〇年代になると、一揆の効力は絶対的になっていきましたが、その理由について、山本は次のように説明しています。

「武士は元来、自力で墾田を切り拓いて来た人びとが主流である。従って『自力主義』ともいうべき特質をもっていた。もちろんこのことは、共同の場をもつことを否定しないが、それはあくまでも個人の自由意思で平等の立場で参加するのが原則であった。一揆は原則として全員平等で、全員が合議して規約の案文をつくり、それに従うことを個人の決断で議決してはじめて成立する。これが日本人の平等主義・集団主義の基本であり、集団主義は全員が平等でないと成り立たない」。

この「あらゆる縁族関係を断ち、一個人として、道理にかなうかのみに基づいて判断し、それによって賛成・反対を述べ、多数によって議決するという方式」は、当初の大寺院の「多語毘尼」から幕府の「貞永式目」、さらに国人一揆という形で地方領主に広まっていったのです。

5 家臣が主君の行為を規定

†「六角氏式目」

一四六七年（応仁元年）に発生した応仁の乱は一一年にも及び、多くの公家や僧侶は地方に逃げ出しました。京都は政治的に空白となり、各地方の有力者は半独立状態になりました。しかし、これらの分国大名もまた、独裁政権ではなかったのです。その例が六角氏でした。

六角氏は、代々近江の守護であった名門でしたが、北の京極氏の下から興った浅井氏が強盛となり、しだいに押されて衰えていきます。家中もまとまらず、一五六三年（永禄六年）、時の領主六角義治《よしはる》が重臣の一人を暗殺したため、お家騒動が起こります。それがまだ鎮静しない一五六六年（永禄九年）、浅井長政と戦って惨敗し、家滅亡の危機に陥りました。

このとき、二〇人から成る家臣団が合議のうえ起草し、主君がこれを承認し、この法の遵守を誓約する起請文を重臣との間で取り交わすという形で、「六角氏式目」が制定されました。条文は六七条で内容は多方面にわたりますが、山本はこの六角氏式目の注目すべき点として、次のことを挙げています。

①半数以上の条文が主君である六角氏の行為を規定していること

部下が主君の行為を規定する法律を制定してこれを承認させ、その遵守を誓約させるということは、六角義治が独裁者ではないことを示すものだと山本は指摘します。

②末尾の起請文の署名がクジによる順序で重臣二〇名が署名していること

ついで三カ条の条文があり、そのあとに六角承禎《じょうてい》（義賢《よしかた》）・義治の署名があります。

山本は、「まさにこういう『式目』が出て来なければ、現代の日本はなかったといえるであろう。たとえ、きわめて小さな一分国の法であっても、こういう形で法が制定される伝統が形成されてきたという歴史は貴重である」としています。

③正統性の変化

元来六角氏は、天皇↓将軍↓守護という形で近江を支配する正統性が保証されていたわけですが、たとえその支配が続いても、起請文の日付である一五六七年（永禄一〇年）以降は、この誓いによってその正統性が保証されている、と山本は指摘します。

†毛利氏のケース

六角氏とやや異なるのが、毛利氏のケースでした。

毛利氏は元来、さきほど述べた「安芸国国人連署契約状」に署名した有力者とはいえ、わずかな小領地をもつ国人領主にすぎませんでしたが、しだいに勢力をのばし、ついに「一〇州の太守」となります。そして元就が毛利家本家を継ぎ、安芸国の山間の小盆地吉田庄を支配して一〇年目に、家臣団が彼に起請文を提出したのです。

これには三二名の署名があり、要求の内容は、農業用水、金銭貸借と自分が召し使う従者の所属問題で、元就にその内容の実行を必ず明文で指図するよう要請していました。日付が一五三二年（享禄五年）であることを見ると、「『安芸国国人連署契約状』からすでに一三〇年近く経っているのに、彼はその家臣団に対して、同輩中の第一人者のやや強力な者にすぎないのである」と指摘しています。

この署名の中の九名、すなわち三分の一近くが井上一族でした。しかし、しだいに力を蓄えてきた元就は、支配四〇年目に井上一族を粛清し、その直後に家臣二三八名から起請文を提出させました。一五五〇年（天文一九年）のことです。この中には、戦時の動員に応じない者の所領は没収するという規定があり、これにより彼は同輩の上に立つ権力を承認させたのでした。

だが山本は「この権力も決して独裁的な権力でなく、在地領主間の盟約という性格が強く残っており、その意味で元就は制限された権力をもつに過ぎないといえる」としています。たとえば、争いへの裁判権は常時彼が握ることとなりましたが、その裁定の基準は「連署起請文」の家臣の合意で定められているという制限があったのです。

6　土一揆――ボトムアップ型の意思決定方式

山本によれば、農民への一揆の浸透は一二〇〇年代にすでに始まり、「隠し規文」などといわれる一種の「村の法」を作って自治的な体制を敷いていましたが、これは「宮座《みやざ》」といわれる、村内の指導者グループだけのものであったようです。彼らは村の神社の神前で一揆神水を飲み、「一味同心」として団結し、荘園領主に敵対的な武士や有力名主層の指揮下に入って、年貢の減免や荘官の罷免などを要求していました。

村は村だけでは無力ですが、これが連合して与郷《くみごう》となると相当な勢力となり、領主に致命的打撃を与えることも可能となりました。その典型的なものが山科七郷で、この山科七郷はしばしば徳政一揆（幕府の鎮圧軍と戦いつつ、金貸しをしている寺社や土倉を襲撃し、質物と証文を奪い取る一揆）の中心となりました。

一四二八年（正長元年）の山科一揆は大和・伊賀・紀伊・和泉・河内と波及した大動乱となり、翌二九年（永享元年）の播磨《はりま》の土一揆は、守護の侍をことごとく追放しようとしました。しかし、彼らはやがて守護に鎮圧されたのです。

7　江戸時代の「押込《おしこめ》」――ルール化された「下剋上」

江戸時代に入り、幕藩体制を確立するためには、家臣に対する主君の権威を保証しなければ秩序が成り立ちません。そこで一揆的な社会の「タテ化」が進められました。しかし、主君が暴君やボンクラでも秩序は成り立ちません。そこで家臣団が幕府承認の下に主君の「押込」を行うという、いわば「ルール化された下克上」も発生したのです。

†加賀藩の改革

戦国大名はその領土を一元的に支配していたわけではなく、家臣たちは皆小さな知行地（領地）を支配し、大名はその上に乗っているような形の「同輩中の第一人者のやや強力な者」でした。やや権力が確立すると毛利元就のように、いざ戦争というとき家臣団を動員し、それに応じないものは知行地を没収するという形で支配しましたが、知行地の末端にまでその統治権が及んでいるわけではありませんでした。

しかし、幕藩体制が整ってくると、藩がその支配権を末端まで行使して一元的な経済政策を実施する必要が出てきました。しかし、知行権を剝奪し、家臣団を城下町に集め、その代わり俸給米を支給するといえば、家臣団の徹底的反抗を引き起こす恐れがあります。武士の城下町移住は決して容易に行えるものではなく、結局行えなかった藩もありました。

そしてこれを最初に断行したのが、五代目の加賀藩藩主前田綱紀《つなのり》（一六四三―一七二四年）でした。山本は、隠居の祖父三代目利常《としつね》が大阪夏の陣に参戦した頃、すでに改革の腹案が練られていたとします。しかし、実施の時期は慎重に選択しなければなりませんでした。家臣団総反抗といったお家騒動になれば、幕府の介入を招くからです。そこで彼は幕府が迅速に動けない家光の死の直後一六五一―五六年に、抵抗を排除して改革を断行しました。

彼はまず家臣のなかから農政に詳しい腕利きを選んで改作奉行とし、農業に有能な大庄屋を適正に配置し、模範的な村づくりのため農民の追放・入れ替えを強行しました。今までのように、藩の下に家臣の支配する知行地があるのでなく、藩庁の改作奉行のもとに大庄屋がいて農村を統括・指導するという体制にし、税負担に耐えうる健全な農民を育成し、藩全体の生産力を高めようとしたのです。綱紀は、これにより実質失業した零細農民や他藩から流れ込んだ農民を開墾地に投入して、新田を開発させました。さらに彼は鉱山を開発し、農村工業を振興させたのです。そこで一時「政治は一・加賀、二・土佐」と言われるまでになりました。

加賀藩の成功はすぐに他に波及しました。一六五六年（明暦二年）、鳥取藩が知行制度を改革し、やがて全国的に知行地の廃止・形式化が進んだのです。このような改革を極めて順調に進めることができた背景には、一五八八年（天正一六年）に豊臣秀吉が出した「刀狩令」により、農民が武装解除されていたことがありました。

†伊達《だて》騒動

これは、一六六〇年（万治三年）、伊達綱宗が行状不良の故に幕府から隠居を命じられ、綱宗隠居と二歳の実子亀千代（綱村）の家督相続が発令された事件です。

伊達家三代目綱宗は、大酒・放蕩・浪費がひどく、親類大名や一門・老臣が繰り返し諫めても耳を傾けようとしません。この状態に危機感を抱いた親類大名の代表が老中酒井雅楽頭《うたのかみ》忠清に伊達家への善処を要望し、一門・老臣の書いた連判状の内容を酒井に報告して、綱宗隠居・亀千代相続が最終的に決定しました。

山本は「興味深いことは、この経緯を幕府が公表していることである」とし、「幕府はこれが幕府による一方的な処置と受け取られて諸大名が動揺することを防ぎ、またこれが決して『伊達家取りつぶし』でないことを明らかにするため、その背後関係を説明する必要があると考えたからであろう」と解説しています。

ところが笠谷和比古（一九八八）は、これが幕府の意図とは別の結果を生じたと指摘しています。それは、家老・重臣団の一味連判によって主君の「押込」を行い、形式的に「隠居願い」を幕府に提出させ、幕府もこれを通常の隠居願いと同様に受理すれば、幕府に関係なく合法的に「押込」が行えることになったということです。こういうスムーズな「押込」は、外面的には「隠居」と区別がつきませんから、歴史の表面には現われません。現われるのは、家中が「押込派」と「主君擁護派」に分裂して抗争した場合だけであり、これが世に言う「お家騒動」となります。

そしてこのときだけ、幕府の干渉を招く結果となるのです。ではこの場合、幕府は必ず主君の側に立ってくれるかというとそうではありません。二歳で相続した前述の亀千代、後の綱村は、藩内に主君権力を確立して領内の行政・刑罰制度を統一化しようとして、重臣団と対立しました。その結果、彼は幕府老中の勧告で隠居させられたのです。

†阿波《あわ》藩のケース

阿波藩蜂須賀家は七代宗英で血統が絶え、一〇代当主重喜《しげよし》は、秋田佐竹家の分家から養子として迎えられ、一七歳で藩を相続しました。

藩は深刻な財政困難に陥っていましたが、その原因は、戦国時代の旧《ふる》い制度をひきずる藩の体制にありました。無用の組織・役職がまるで「利権」のように固定化して存続し、藩政の実権は家老層が握り、他の家臣との権力闘争が続いていたのです。

重喜は、旧例や家の格式秩序に拘束されない、新しい合理的な役職制度の実現こそ急務と考え、一七五九年（宝暦九年）、新しく「役席役高制」の導入を明らかにしました。それは笠谷によれば、家の格式を基準とした秩序体系を役職を中心とするものに組み替え、同時に家の格式が低い者に、高級役職への就任の機会を与えようとするものでした。これ以後、約一〇年にわたる「君臣闘争」が開始されることになります。重喜はこの間一時は押込に追い込まれそうになりますが、巻き返しに出て、構想発表七年目にやっと新法の実施にこぎつけました。

しかし、この激しい家臣との闘争は、重喜をワンマン経営者に変えてしまいました。彼は広範な改革の財源確保のため、家臣・役人を次々に処罰し、知行を召し上げ、家臣団の知行の一律削減に着手しました。しかし、その一方で彼は豪華な別荘を作っていたのです。これがやがて家中の総反抗を招き、彼らが親類大名及び幕府を動かし、最終的には重喜は「押込隠居」となって、一件落着しました。

†専制君主の不在

山本は、ここで明らかなことは、「主君への諫言」が、単に「いさめる」という意味ではなく、その裏には「聞き入れてくれないなら『押込』にする」という少々脅迫めいたニュアンスがあったということである、と指摘し、「従って徳川時代の『主君』には厳密な意味の『専制君主』はいなかったと言ってよい」と結論づけています。

また、幕府の態度も必ずしも「主君絶対」とは限りませんでした。前述の「蜂須賀事件」では「家臣絶対」の態度をとり、重喜の新法を破棄して旧法に戻すよう家老に指示しています。

この幕府の姿勢につき、山本は「結局、幕府がタテマエ的にそれを否定しようと、主君を『同輩中の第一人者のやや強力な者』とする中世の伝統は底流としてつづいており、またそれによって藩内の秩序が保たれているのであって、幕府もそれには手がつけられなかったということである。結局、主君が一定の権威を保ち、家臣団と協議しつつ、両者の合議で成立した『家法』による統治が、幕府にとって最も望ましい状態であったのであろう。それならその内実は、下からの一揆の決議と上からの指示とで上下関係を律した、戦国時代の毛利家と実態はあまり変わらないことになってしまう」と指摘しています。

†現代の「押込」

そして最後に、次のように結んでいます。

「この伝統とは実に強力なもので現代にも根強く残っており、重役や有力社員団による『社長押込』は日本では別に珍しくない現象である。では『社長絶対』ではないのかといえばそうではない。そしてこの点では天皇もまた例外ではあり得ない。『天皇絶対』と言いつつ軍部が秘かに『昭和天皇押込』を図っていたことは、それがどこまで具体化した計画であったかは明らかではないが、今でも資料に残されている」。

よく、「昭和天皇は終戦の聖断を下せたのに、なぜ開戦拒否の聖断を下さなかったのか」という疑問を聞きますが、それは日本のこのような伝統を踏まえなければ理解できないでしょう。もし、天皇が一九四一年（昭和一六年）の段階であくまで平和維持にこだわれば、最悪の場合、軍部によって「ご病気」として幽閉され、代わりに軍部の言うことにしたがう「摂政宮《せっしょうのみや》」が擁立される可能性もあったのです。終戦の聖断は、軍が敗北を重ね事実上壊滅状態になり、海軍の中に終戦工作の動きが強まっていたからこそ可能でした。

この「押込」の伝統が現代日本企業においてもいかに強いかは、最近の大塚家具の「お家騒動」や、セブン&アイ・ホールディングスの鈴木敏文会長の辞任劇をみてもわかります。いまだに日本の組織の意思決定の本質は、「一揆」なのです。このような文化では、トップダウン型経営は容易ではありません。

また「日本の会社は決断が遅い」と批判されますが、ボトムアップ方式による意思決定が重んじられる日本の会社で、創業者としてのカリスマ的経営者はともかく、社運を左右するような大きな経営的決定を、サラリーマン社長が取締役たちの同意なしに決定することは大変困難なのです。

政治の世界でも同様で、たとえば織田信長や大久保利通は、時代の変革期に独裁的な手腕をふるいましたが、結局短期間で殺害されてしまいました。「ワンマン宰相」といわれた吉田茂も、サンフランシスコ講和条約で日本の独立が回復すると、首相から下ろされてしまいます。日本では、組織が壊滅的危機に陥らない限り、トップダウン型指導者は容易に出てきません。そして、危機から脱出してもその人がなおトップに居座れば、やがて部下によって「押込」られてしまうのです。

このような事態が起こる背景には、「一揆」(つまり、徹底したボトムアップ型の意思決定方式)により、「全員一致」の状況を作り出すことを重んずる、日本独特の精神風土があるのでしょう。しかし、これは第二章でも述べたとおり、時代の変革期や危機に柔軟かつ迅速に対応することはできません。

「リーダーシップの不在」ということも、しばしば言われますが、それを生みだしているものが日本人の精神風土であることをよく理解することが必要なのです。そのうえで、時代の変革期や危機においては、力強いリーダーシップを発揮しつつも、部下の「押込」にあわないよう、一応の組織的コンセンサスを形成しながら手早く改革を進め、改革が終われば未練なく後任にバトンをさっと渡せるようなリーダーが、日本には必要なのです。

8　日本人は優秀か？――「名人」に頼る日本

山本（一九八七）は、「日本人優秀説は、何かの反発のように、ときどき顔を出す。そして、それは何らかの自信喪失・目標喪失のときや、挫折感を味わっているときに出てくるように思われる」とします。最近の「日本スゴイデスネ」ブームも、その一つかもしれません。

この屈折した「日本人優秀説」は、終戦直後のフィリピンの収容所でも見られました。山本は「事実、アメリカ人やフィリピン人に接してみると、日本人優秀説を証明しうる事例はいくらでもあった。下級将校・下士官・兵、そのすべてが素質・勇気・訓練において日本軍に劣り、『なぜあんなバカに負けたんだ』がわれわれの嘆声であり、『結局、物量さ』が、その理由の真の探究を放棄した者の安直な結論であった」としつつ、「しかし、理由はそんな簡単なことではない」と指摘します。

戦時中、山本は砲兵の観測将校でした。大砲の射撃では、弾の着点を観測しながら角度の修正を行います。通常、砲は後方の谷底の敵から見えにくい場所、観測所は前方の高地にあり、両者の間は軍用電話でつながれていました。このように砲と観測所が離れていますと、目標・観測所・砲を結ぶ三角形を頭の中に描き、観測所で見える着点の誤差を頭の中で一瞬のうちに砲の場所からの角度の誤差に換算し、砲側にどれだけ修正すればいいかを命ずるのが、観測将校の任務となります。これには長い訓練が必要で、山本によれば「名人芸に達した『射撃の神様』などは、まるで頭の中に電算機が入っているのかとさえ思われるほど」であったと言います。

あらゆる面におけるこういうタイプの中堅幹部、こういう人を優秀と言うなら、アメリカ人には確かにこういう優秀さはありません。しかし、彼らは正確に砲兵射撃を行うことができたのです。彼らの方法は、観測所から「見えたら、見えたとおり、砲側に電話すればよい」というものでした。これならば何の名人芸もいらず、昨日入隊した兵隊にもできます。

そして砲側には一種の計算盤があり、これにまず前記の三角形を入れておき、電話で来た着点の誤差を入れれば砲の誤差が自動的に出るようになっており、この操作もまたきわめて簡単で、ほとんど訓練なしで使えるものでした。

これなら日本的な意味での優秀な人間は中堅幹部には必要ありませんし、名人芸に到達するまでの長い訓練も必要ありません。さらに、名人が戦死したら射撃不能になることもないですし、損害への人材補給ができず、みるみる戦力が落ちていくこともないわけです。しかも、実戦のたびに米軍の計算盤の性能は改良され向上していきました。

つまり、日本軍は観測将校の名人芸に依存し、米軍はバカでもできるシステムに依存していたのです。観測将校を比較すれば日本の方がはるかに優秀ですが、米軍は最も優秀な頭脳をそこには投入せず、システムの開発に投入していたことになります。山本は、「したがって私は、現場中堅幹部日本人優秀説とその行き方の是認に、危惧の念を持たざるをえないのである」と結んでいます。

日本では優秀な人が個人として「名人」となり、システムの非効率性はそのままで、アメリカでは優秀な人が一般人のためにシステムを開発し、効率性を向上させているのです。東京大学で「モノづくり」経営研究をしている藤本隆宏教授は、日本的経営の特色として「強い現場、弱い本部」を繰り返し指摘しています。

生産の現場には優秀な技術者がおり、絶えず生産性の上昇にむけた改善運動が展開されています。しかし、本社の経営陣は過去の成功体験におぶさって時代の大きな変化に鈍感なため、新しい経営戦略の策定や新製品の開発がおろそかとなり、結果として優れた技術を抱えたまま、企業自体は衰退してしまっているのです。

言いかえれば、現場技術者の名人芸に過度に依存した結果、本部における長期戦略の策定や新たなシステムの研究開発がおろそかになっているということでしょう。この構造が根本的に改まらなければ、日本型資本主義がアメリカ資本主義を追い抜くことは難しいと思われます。

9 「空気」の研究——結論は「空気」が決める

†「空気」の支配

山本（一九八三）は、日本人がしばしば「ああいう決定になったことに非難はあるが、当時の会議の空気では……」「議場のあのときの空気からいって……」「あのころの社会全般の空気を知らずに批判されても……」「その場の空気も知らずに偉そうなことを言うな」「その場の空気は私が予想したものと全く違っていた」等々、いたる所で、何かの最終決定者は「人でなく空気」である、と言っている、と指摘します。

つまり日本人は、何やらわからぬ「空気」に、自らの意思決定を支配されているのです。彼らを支配しているのは、今までの議論の結果出てきた結論ではなく、その「空気」なるものであって、人が空気から逃れられないように、彼らはそれから自由になれません。したがって、日本人が結論を採用する場合も、それは論理的な結果ではなく、「空気」に適合しているのです。採否は「空気」が決めるのです。このため、これが今の「空気」だと拒否された場合、しっかりとした議論をしようとしている側には、もう反論の方法はありません。人は空気を相手に議論するわけにいかないからです。

†戦艦大和の特攻出撃

山本は、『文藝春秋』一九七五年八月号の「戦艦大和」特集（吉田満監修構成）の中の、「全般の空気よりして、当時も今日も（大和の）特攻出撃は当然と思う」（軍令部次長・小沢治三郎中将）という発言をとりあげます。

彼は、戦艦大和の一件に登場するのがみな、海も船も空も知りつくした専門家だけであって、無知・不見識・情報不足によるミスは考えられないことに注目しました。

『文藝春秋』特集記事によれば、まずサイパン陥落時にこの大和出撃案が出されますが、「軍令部は到達までの困難と、到達しても機関、水圧、電力などが無傷でなくては主砲の射撃が行いえないこと等を理由にこれをしりぞけた」とされます。したがって理屈から言えば、沖縄の場合、サイパンの場合とちがって「無傷で到達できる」という判断、その判断の基礎となりうる客観情勢の変化、それを裏づけるデータがない限り、大和出撃は論理的にはありえないことになります。

彼は「だがそういう変化があったとは思えない」とし、「もし、サイパン・沖縄の両データをコンピューターで処理してコンピューターに判断させたなら、サイパン時の否は当然に沖縄時の否であったろう。従ってこれは、(中略)サイパン時になかった『空気』が沖縄時には生じ、その『空気』が決定したと考える以外にない」と指摘します。

そして、このことを明確に表わしているのが、三上作夫連合艦隊作戦参謀と伊藤整一第二艦隊司令長官の会話であるとします。大和特攻出撃決定後、現地の伊藤長官を説得する役目は、三上参謀と草鹿龍之介連合艦隊参謀長が担うことになりました。

伊藤長官は決定の場の「空気」を知りませんから、当然にこの作戦は納得できません。第一、説明している三上参謀自身が「いかなる状況にあろうとも、裸の艦隊を敵機動部隊が跳梁する外海に突入させるということは、作戦として形を為さない。それは明白な事実である」と思っていますから、その人間の説明を伊藤長官が納得するはずはないのです。

しかし、「陸軍の総反撃に呼応し、敵上陸地点に切りこみ、ノシあげて陸兵になるところまでお考えいただきたい」と言われれば、伊藤長官はベテランであるだけに余計に、この一言の意味するところが分かり、それがもう議論の対象にならぬ空気の決定だと分かってしまいます。そこで彼は疑問点の追及もやめ、「それならば何をかいわんや。よく了解した」と答えたのでした。

山本は「この『了解』の意味は、もちろん、相手の説明が論理的に納得できたの意味ではない。それが不可能のことは、サイパンで論証ずみのはずである。従って彼は、『空気の決定であることを、了解した』のであり、そうならば、もう何を言っても無駄、従って『それならば、何をかいわんや』とならざるを得ない」と解説しています。

10　「空気」と「水」――なぜ「財政再建」が難しいのか

山本は、「だが、われわれの祖先が、この危険な『空気の支配』に全く無抵抗だったわけではない。少なくとも明治時代までは『水を差す』という方法を、民族の知恵として、われわれは知っていた」と指摘します。この場合の「水」は通常、最も具体的な目前の障害を意味し、それを口にすることによって、即座に人々を現実に引き戻すことを意味しています。

†「先立つものがない」

まず、身近な例から解説を始めます。彼の青年時代には、出版社の編集員は、寄るとさわると、独立して自分が出版したい本の話をしていました。するとその場の「空気」はしだいに「いつまでもサラリーマンじゃつまらない。独立して共同してはじめるか」ということになり、それもぐんぐんエスカレートし、かつ「具体化」していきます。全てはバラ色に見えてくるのです。そしてついに、「やろう」となったところで誰かが「先立つものがネエなあ」と言い、一瞬でその場の「空気」は崩壊してしまいます。

これが一種の「水」であり、この言葉の内容は、今置かれている自己の「情況」を語ったのにすぎません。しかしその一言で、人は再び各人の日々、すなわち自己の「通常性」に帰っていくのです。

太平洋戦争の前も、日本は予算・石油という「先立つもの」がありませんでした。差す「水」はあったのですが差せなかったわけで、そのうちに「空気」が全体を拘束してしまったのです。山本によれば、太平洋戦争とは、「空気」さえ盛り上げれば何かができるのではないかという錯覚に基づく、「まことに痛ましい膨大なその大実験」でした。

†「通常性」と情況倫理

では、この「空気」はどこから生まれるのでしょうか。山本は通常性の中から生まれてくると考えました。

そして、通常性の基本の第一に挙げられるが「日本的情況倫理」だとします。彼は日本的情況倫理を「あの情況ではああするのが正しいが、この情況ではこうするのが正しい」「当時の情況も知らず、いまの（情況下の）基準でとやかく言うのは見当違いだ、当時の情況ではああせざるを得なかった。従って非難さるべきは、あああせざるを得ない情況をつくり出した者だ」

といった倫理観・基準です。ここで言っている内容は、当時の実情すなわち、対応すべき現実のことで、「空気」ではありません。

山本は日本的情況倫理の一例として、戦中・戦後の捕虜収容所における日本人の同胞に対するリンチを挙げています。北はシベリアから南はマヌス島に至る収容所で日本人捕虜が扱われた状態は苛酷なものであり、そこでリンチが発生しました。しかし、そういう状態に置かれた人間のすべてが「情況に対応して」必然的にリンチを行ったわけではありません。

また、タイ・ビルマ国境のクワイ川の死の収容所やマニラのサン・トマス収容所を調べても、英米人捕虜の中に暴力機構が発生し同胞をリンチにかけたという記録はありません。またソヴィエトの収容所のドイツ人捕虜には、ロシア人の権威を笠に着て同胞にリンチにかけた例はないといいます。

このことは、欧米人は、例外（緊急避難が証明されるような場合）を除けば、情況を免責の理由とは考えない伝統に生きてきたことになります。情況が苛酷であったからリンチがあったのも仕方ない、という論理は成り立ちません（ナチス・ドイツ時代にユダヤ人のホロコーストに関係した人物への追及が厳しいのも、「当時の情況では仕方なかった」という情況倫理が欧米では通用しないからでしょう）。

しかし、日本ではこれが免責の理由となりえますし、皆もそれで納得してしまうのです。山本は、その理由の一つは、「情況への対応」だけが「正当化の基準」とされるからだとしています。

さらに、このような「情況倫理」は「虚構の世界の中に真実を求める」思考法だとします。虚構の世界の代表が演劇ですが、舞台とは、周囲を完全に遮断することによって成立する一つの世界、一つの情況倫理の場の設定です。その設定のもとに人々は演技し、それが演技であることを、演出者と観客との間で隠すことによって、一つの真実が表現されています。

この虚構の世界は個人の自由という概念を許しません。歌舞伎の女形に対して「あれは男だ」と叫べば、劇場から退場させられます。このような閉鎖された小世界内には、演技者と観客との間で一定の「空気」が醸成されやすくなります。つまり、通常性・情況倫理から空気は醸成されるのです。

「空気」の拘束から逃れるためには、「水を差す自由」の確保が必要です。これは、戦争末期に竹槍戦術を主張する者に対して、「それはB29にとどかない」という「事実」を口にする自由です。この「水」とはいわば「現実」であり、現実とは我々が生きている「通常性」です。

しかし、この日本の通常性とは情況倫理であり、この情況倫理とは実は「空気」を生み出す温床でもあります。日本人は、このような「空気」と「水」を精神生活の「糧」として生きている、と山本は指摘しています。

†日本人への説得のむずかしさ

以上の山本の説明を分かりやすく言い換えると、次のようなことになるでしょう。

まず、深刻な現実に直面したとき、日本人はそれを直視するのではなく、より居心地のいい虚構の世界を作り上げます。それは、演劇的空間ですから、現実よりは分かりやすい世界です。人びとは役者・観客・スタッフの役を与えられ、演劇空間にひたります。そこでの判断基準には約束事がありますので、深く現実を観察して判断する必要はありません。

芝居がすすみ、役者・観客・スタッフの一体感が高まると、しだいに演劇空間に「空気」が発生します。そうすると、すべての参加者が「空気」に支配され、人びとの思考は停止します。次の新たな現実（たとえば、「黒船」「敗戦」「バブルの崩壊」「金融危機」）という「水」が差され、虚構の空間が壊れ、劇が終了しない限り、人びとは「空気」に流され続けるのです。

「空気」の研究の最後で、山本は中根千枝の「日本人は熱いものにさわって、ジュッといって反射的にとびのくまでは、それが熱いといくら説明しても受けつけない。しかし、ジュッといったときの対応は実に巧みで、大けがはしない」という言葉を紹介しています。

たとえば、毛沢東が「大躍進」を開始したとき、桶谷繁雄が専門の冶金《やきん》学の立場から中国の土法製鉄で鉄ができるはずがないことを論証したところ、総攻撃にあったと言います。またオイル・ショックの洗剤騒動のとき、メーカーは少しも売惜しみをしていないし、減産をしているわけでないことをいかに論証しても無駄でした。山本は、「空気」に支配されているとき、日本人は論理的説得では心的態度を変えず、ことばによる科学的論証は無力となると指摘します。

もし今も日本人がそうだとすれば、日本の重要課題の一つである財政再建もなかなか難しいかもしれません。たとえば、日本の財政は債務残高の対GDP比が二〇〇パーセントを超え、数値からすればギリシャよりも深刻であると言われています。しかし他方で、財政再建のための増税や社会保障の給付と負担水準の見直しは、国民の反発を受けやすいので、政争の材料にされやすいテーマでもあります。

誰でも増税や社会保障の給付引下げ・負担増は嫌ですので、もし人びとの耳に心地よい「財政はそんなに悪くない。政策により成長率を高めれば税収が増えて、消費税率を引き上げなくても財政は自然に健全化する」「増税はいやだ。ムダ遣いをなくせば財政は健全化する」といった議論が優勢となり、多くの人がこの考えに同調して「空気」がいったん形成されてしまうと、財政・社会保障制度の全面破綻の前に、国民の痛みを伴う社会保障・税一体改革の必要性を日本国民に納得してもらい、改革を早急に実行に移すことは、ほとんど不可能ということになるでしょう。

最近では、「財政をむしろ大拡張して高いインフレを起こしてしまえば、国債の価値はどんどん下落し、政府の債務問題は解決する」といった乱暴な議論さえ耳にします。そのような「虚構の空間」・「空気」が作られないよう、たとえ不評を買っても財政の現状の正確な開示・説明という「水」を差し続けることが必要と思われます。

第六章　高度成長の構造――「戦時経済体制」の継続

本章では、経済史の観点から、戦時体制と戦後の経済システムとの連続性を指摘した議論を紹介します。なお、この部分は第二章の日本のバブルを考察する前提となるものですが、すでに前著（二〇一五）で、中村隆英・野口悠紀雄の議論を詳しく紹介しましたので、ここでは内容の重複を避け、前著で触れなかった野口悠紀雄（二〇一五）のエッセンスを中心に紹介します。

1　経済統制の発動

†総動員体制の整備と生産力の拡充

第一次世界大戦を契機とした欧州における戦争形態の変化は、日本では特に陸軍の重要な関心事となりました。このため陸軍は一九一八年（大正七年）には総動員体制の整備を開始し、「軍需工業動員法」を成立させていました。一九三三年（昭和八年）以降は資源局を中心に、「総動員期間計画」が次々に策定されていたのです。

他方で、一九三五年（昭和一〇年）八月、満州事変の立役者である石原莞爾《かんじ》大佐が参謀本部作戦課長に就任しました。当時ソ連は第二次五カ年計画を進行中であり、極東ソ連兵力も約二四万に膨張、軍事バランスは一〇対三と著しくわが国に不利となっていました。この事情を知った石原は、対ソ戦に備え、三七年に本格的な軍備充実計画を策定しましたが、これを実現するためには軍需生産を量的・質的に大幅にレベル・アップさせねばならず、ここに生産力拡充の問題が登場したのです。この検討のさなかに、日支事変が勃発しました。

日支事変勃発当時、総動員計画の立案は資源局が、生産力拡充計画の立案は企画庁が担当していましたが、一〇月に両者は統合され企画院となりました。企画院は発足早々、国家総動員法の立案、物資動員計画の策定、生産力拡充計画の策定等、戦時経済体制の推進機関としてフル稼働することになります。

†経済新体制と統制法規の発動

陸軍の倒閣運動によって米内《よない》（光政）内閣は総辞職に追い込まれ、一九四〇年（昭和一五年）七月第二次近衛《このえ》（文麿）内閣が成立しました。当時軍部は、近衛に期待をかけ、陸軍をバックとし、近衛を党首とするナチスばりの新政党を作り上げようと考えていたのです。

一方近衛は首相となる以上、軍の助けを借りる一方、軍を抑えうるだけの政治勢力をもちたいと考えていました。また既成政党の政治家たち、革新右翼、社会大衆党の麻生久・亀井貫一郎らも、近衛を頭とし、自分達が実権を握る政治勢力の結集を画策していました。

そのなかで近衛が首相となると、東亜新秩序建設のための国内「新体制」の声がにわかに全国をおおうに至りました。各政党はなだれをうって解党し、八月には日本から全ての政党が消滅してしまったのです。

しかし、「新体制」は結局ナチスばりの一国一党にはなりませんでした。国体を重視する伝統右翼が、そのような幕府的存在をつくるとは何事かと激しく反発したからです。一〇月に発足した大政翼賛会は、政治性のない精神運動に衣替えしてしまったのでした。

しかし、「政治新体制」は竜頭蛇尾に終わっても、経済面では「経済新体制」が大きくクローズアップされました。経済新体制のプラン作成の中心は企画院であり、企画院の一九四〇年（昭和一五年）九月二八日案は、①企業の設立・分離・合併・解散の自由の制限、②経営の優位の確保と経営担当者への公的性格の付与、③配当の統制、④中小企業の整理再編成、⑤必要と認めたときの企業の国有化等を列挙していました。これに対し財界は猛烈な反対運動を展開し、結果的に一二月七日に閣議決定された「経済新体制確立要綱」は、全体としてかなりトーンダウンしたものとなりました。

一九一八年の制定以来休眠状態にあった軍需工業動員法は、三七年（昭和一二年）九月一〇日、戦時に関する規定を日支事変に適用することとなりました。また事変の勃発はわが国の輸入を急増させ、国際収支を悪化させるおそれがありました。このため、九月一〇日物資全般を統制する「輸出入品等臨時措置法」と、資金の流れから経済を統制する「臨時資金調整法」が公布施行されました。

さらに国家総動員法が一九三八年（昭和一三年）四月一日公布され、五月五日施行されました。本法は全文五〇条からなる比較的短い法律でしたが、「統制運用」の対象となるのは、人的、物的資源の全てであり、モノに関しては統制の枠外に置かれたものはほとんど無いと言いうるほどでした。また政府には、①労働あるいは労働問題に対する統制権限、②物資に関する統制権限、③企業活動、金融活動に関する統制権限、④カルテル結成、⑤価格に関する統制権限、⑥言論統制といった広範な統制権限が与えられたのです。これにより、軍需工業動員法は廃止されました。

2　経済・金融統制の強化

一九四一年（昭和一六年）の日米開戦とともに、戦時体制はさらに本格化しました。特に金融統制の強化は、第二章で説明する戦後の金融行政の元となるものです。

†統制会と軍需会社

統制会は「重要産業団体令」に基づいて設立された団体で、業界団体の形をとって発足しました。これは、業界ごとに統制のカルテルを結成させ、会員に対して強い統制権限をもたせようとしたものです。ただ実際には、政府は統制規定の設定・変更・廃止を命じることができるなど広範な権限を有し、統制会は政府の統制の下部機構でしかありませんでした。しかし、軍の指定工場・管理工場が統制会の傘下に入っておらず、監督権をめぐる役所・陸海軍の縄張り争いもあり、統制会は十分に戦時増産の機能を果たすことはできませんでした。

そこで政府は一九四三年（昭和一八年）一〇月に、「軍需会社法」を制定します。同法によれば、軍需会社として指定された会社の経営者の一人は、生産責任者という名の無給官吏になり、役員・工場長は増産義務のある生産担当者となりました。従業員は全員現場で徴用となり、勝手にやめることは許されないとされました。軍需会社は全国で終戦までに六〇〇を超え、重要軍需工業のほぼ全てを網羅しました。こうして国家は、直接に官庁機構の下部組織として企業をつかまえ、支配することになったのです。

†金融統制の強化

日本銀行法の改正（一九四二年二月）は、次の三点が、主要な特徴でした。

①任務の変更

日本銀行の任務を「国家経済総力ノ適切ナル発揮ヲ図ル」ために「国家ノ政策ニ即シ」て通貨の調節、金融の調整及び信用制度の保持育成にあたることと定め、またその運営も「国家目的ノ達成ヲ使命トシテ」行うことと定められました。

②業務内容の変更

従来の商業金融中心の業務内容を改めて、産業金融をも含むこととしました。また、日銀が政府に対して無担保貸付と国債の応募引受を行うことを、業務内容に明記しました。

③通貨制度の変更

これを機に、通貨制度は完全に管理通貨制度に移行したのです。

そして、その年の四月に、総本山になる全国金融統制会と、業態別統制会、短資業統制組合、地方金融協議会の四団体が創設されました。全国金融統制会の会長・副会長には日銀正副総裁が就任しました。統制の仕組みは、まず国家の資金計画に基づいて全国金融統制会が貯蓄目標を決め、業態別統制会に割り当て、また公債の消化計画を作って割当を行うというものです。一方、軍需融資のため四月に戦時金融金庫が設立され、リスクの大きい企業に対する融資を行いました。

一九四三年(昭和一八年)秋、企画院と商工省の一部が合併し軍需省が作られ、軍需会社法が制定されると、これに対応する形で軍需会社に対しては、大蔵省の指定した金融機関が所要の資金を速やかにかつ適切に融通する、軍需融資指定金融制度が創設されました。指定金融機関の多くは大銀行で、この制度により金融機関の中における大銀行の優位性が更に高まったのです。

これまでも「一県一行主義」と呼ばれる銀行合同策がとられてきましたが、地方の資金を吸収し、これを大口化した需要に効率よく融資するため、大銀行どうしの合併が次々と行われ、一九四一年末に二五五行あった銀行数は一九四五年末には六五行に激減したのです。

3　戦後復興と戦時経済体制の温存

ここからは、戦時体制と戦後の経済システムとの連続性とその問題点を指摘した、野口悠紀雄（二〇一五）の議論を紹介しておきましょう。

†「一九四〇年体制」とは？

彼は、戦時につくられた経済体制は戦前期のそれとは異質なものであるとして、これを「一九四〇年体制」（以下「四〇年体制」と省略）と呼んでいます。彼は一般の説が「戦後の民主主義が経済の復興をもたらし、戦後に誕生した新しい企業が高度成長を実現した」とするのに対して、「戦時期につくられた国家総動員体制が戦後経済の復興をもたらし、戦時期に成長した企業が高度成長を実現した」という、「四〇年体制史観」を提起しているのです。

軍需関連企業を所管し、航空機をはじめとする工業生産物資の調達を統制していた軍需省の役人たちは、占領軍進駐の直前に、役所の看板を「商工省」に架け替えてしまいました。こうして商工省は、占領下にほとんど無傷で存続することができました。その後、名称を通商産業省と改め、民間企業に対して強い影響力を行使することとなります。

占領軍は、日本から戦争遂行能力を奪うため、日本の官庁や企業を改革しようと試みました。軍部が解体したのは当然ですが、「官庁の中の官庁」と言われていた内務省も解体され、これらの省庁で戦時中指導的立場にあった者の多くが公職から追放されました。しかし、大蔵省や商工省など、経済官庁はほとんど無傷で残りました。野口は、このような結果となったのは、占領軍が日本の官僚組織の実態を理解せず、大蔵省や軍需省が戦時経済を動かしていたことを知らなかったからだとしています。

一九四六年（昭和二一年）の公職追放令に続き、四七年には有力企業や軍需産業の経営陣も追放の対象となりました。また三井・三菱・住友・安田などの大財閥の解体が進められただけでなく、日本製鉄・王子製紙などの大企業については「過度経済力集中排除法」により、企業分割が行われたのです。しかし、分割された企業は、占領が終了すると、多くが合併して元に戻ってしまいました。

金融機関は、ほぼ無傷で残りました。これは占領軍が、戦時期に作られていた銀行中心の金融システムのことを知らなかったためです。すでに戦時中に所有と経営の分離が進んでおり、金融系列はそのまま残されたので、戦時経済体制の基本構造はそのまま維持されました。

一九四七年から五〇年にかけて実施された農地改革は、生き残った革新官僚たちが仕組んだものでした。彼らは占領軍を誘導し、四五年に提出された「第一次農地改革」案では不徹底であるとの声明を発表させ、オリジナルの改革案に近い急進的な内容の農地改革を、四六年に「第二次農地改革法」として公布し、翌年から実行に移したのです。これにより、戦前の農村を支配していた大地主たちは土地を失うことになりました。

†労働改革と「傾斜生産方式」

四五年、マッカーサーによって労働組合の結成を含む「五大改革指令」が指示されたとき、新たに多くの労働組合が誕生しました。しかしそのほとんどは、それまであった産業報国会を母体とし、これを衣替えしたものでした。こうして誕生した企業別組合は、会社と運命共同体であり、経営者と対決するのではなく、協調して企業を成長させようとする意識を強くもっており、戦後の高度成長の過程で、それぞれの企業の成長に大きく寄与することになりました。

「傾斜生産方式」とは、不足する資源を石炭と鉄鋼を中心とする基幹産業に重点的に配分し、生産設備を復旧させて、産業の生産力を回復させようとする政策を指し、四七年から実施されました。まず石炭の価格を抑えて鉄鋼会社に安く買わせ、次に鉄鋼の価格を抑えて加工メーカーに安く買わせます。赤字となる石炭会社と鉄鋼会社には、価格差補給金を支給するのです。

また、設備投資・運転資金の融資は、復興金融公庫が担い、融資の財源として復興金融債(復金債)を発行し、その七割は日銀が引き受けていました。こうして得た資金を、政策金利として物価上昇率よりはるかに低い金利で貸し出していたのです。この資金の配分は、戦前に軍需産業に資金を集中させるために作られた、間接金融中心のシステムと政府による金融機関の融資統制システムがフル活用されました。こうして、基幹産業は急速に立ち直っていったのです。

✝資産階級の没落

多額の復金債が日銀引受けによって発行されたため、通貨供給量が過剰となりインフレが発生し、資産階級に大変なダメージを与えました。農村地主は、農地改革による土地買い上げ代金として政府から渡された交付国債が、インフレで価値をほとんど失ってしまったのです。

都市部の地主も、戦時中に改定された借地法・借家法により、インフレが発生しても一方的な賃料の改定や、借地・借家契約の解約が自由にできず、実質収入が激減しました。また、四六年に成立した財産税法は、個人所有の財産に対して財産税を課すもので、課税価格一五〇〇万円超に対する税率は九〇パーセントにも及ぶものでした。

こうして、戦中から戦後にかけての農地改革、借地法・借家法の改正、インフレ、財産税により、日本の資産階級は十数年で没落してしまい、「一億総中流」への道が開かれたのです。

日本では、終戦後もしばらく生活必需物資についての配給が行われていましたが、経済活動が正常化するにつれて統制は解除され、市場経済に戻っていきました。その中で、野口は五〇年代に二つの統制が残ったと指摘しています。

①通産省による為替管理

これは一九三〇年代の世界不況期に、資本の海外逃避を防ぐために作られた制度が戦後に引き継がれたものです。一九四九年（昭和二四年）に公布された「外国為替及び外国貿易管理法」（外為法）の規定では、外国から何かを輸入する場合に必要となる外貨資金は、通商産業大臣の許可を受けなければ、外国為替銀行から調達できないことになっていました。この法により五〇年代の通産省は大変強い権限をもっていました。しかし、六〇年代に高度成長が始まると外為法が改正され、通産省は企業に外貨を割り当てる権限を失ってしまったのです。

②日銀による窓口指導

これは、戦時中の統制的な資金配分の仕組みが戦後に引き継がれたものです。一九四七年（昭和二二年）に「臨時金利調整法」が制定され、預金や貯金の利率、貸付けの利率、手形の割引率、当座貸越の利率など金融機関の金利の最高限度が定められました。これによって金利が政策的に低く抑えられたため、資金に対する超過需要が発生しました。

企業への資金の割当は民間銀行が行いましたが、銀行は預金だけでは資金需要を満たすことができず、日銀からの借入れに頼っていました。そのため、日銀は民間銀行に対して絶大な支配力をもっており、個別案件にまで口出しして、企業への融資を統制することができたのです。これが窓口規制でした。

しかし、いかに国内で金融統制を行っても、企業が海外市場で起債などの形で資金調達ができれば、統制は尻抜けになってしまいます。これを防ぐため、戦後の日本では、長期にわたって外為法により金融鎖国が行われていました。野口は、戦後の日本は、金利抑制と資金配分統制、金融鎖国の下にあったとしています。

野口は、「日本産業の重化学工業化は、以上で述べた仕組みによってこそ実現した」と強調します。当時の日本で比較優位であった産業は、繊維など労働集約的な軽工業でした。完全に市場メカニズムが作動していれば、限られた資本は、短期的なリターンを求めて、軽工業や商業への投資に向かったでしょう。彼は、将来を見据えて重化学工業化を実現しようとする資源配分は、市場原理を否定する一九四〇年体制下だからこそ、実現できたと結論づけています。

4　高度成長のメカニズム

野口は、高度成長が実現した理由につき、「まず戦後の復興期があり、朝鮮戦争の特需によって、復興が完了した。その後、日本は本格的な成長の時代を迎え、ソニーやホンダに代表される戦後生まれの企業が勃興し、勤勉に働く日本人の努力の積み重ねが高度成長を実現した」が普通の見方だとします。まさに、NHKの『プロジェクトX――挑戦者たち』の世界です。

しかし、彼はそういう面を認めつつも、「冷静にみれば、日本だけが特別な存在だったわけではありません」と指摘します。経済的後進国が先進国にキャッチアップするとき、農業社会が工業化・都市化する過程では、工業化に必要な技術はすでに開発されており、その使い方については先進国というモデルが存在するので、それを真似るだけでよく、産業構造の転換は必然的に速くなり、成長率が高くなるのです。日本と同様の高成長は、八〇年代のアジア新興工業経済地域（アジアＮＩＥｓ：韓国・台湾・香港・シンガポール）や、九〇年代後半以降の中国でも見られました。

ただ野口は、日本の場合、次のいくつかの要因が工業化の進行を加速したとしています。

†外的な要因

①技術的な環境が四〇年体制に適していた

当時の先端分野は、鉄鋼・電機・造船・石油化学など、重化学工業が中心でした。これは、垂直統合型の大企業が高い生産効率を発揮する分野であり、市場を通じる協働ではなく、大組織内部での分担と連携を通じる経済活動が中心となりました。これは、利益の追求より集団への奉仕を重視する四〇年体制が、最もよく機能する分野でした。野口は、日本以外にも、市場より組織の活動が優位である西ドイツとソ連が、この時代に有利であったとしています。

②中国が鎖国していた

この頃、世界経済の中で、日本は中進国的な位置にありました。欧米先進国に比べれば賃金が安かったので、それを武器に工業製品を大量生産することによって、先進国市場を席巻していったのです。この時代は、日本の製品にはまだ「安かろう悪かろう」のイメージが強かった時期です。このとき日本よりさらに賃金が低い中国が工業化されていれば、日本の成長はありえなかったと野口は指摘します。ところが、中国経済は七〇年代半ばまで、「大躍進政策」「文化大革命」で低迷状態にありました。

†内的な要因

①低金利と資金割当

国外との資本取引は外為法によって制限されており、国内の金融は海外から切り離されていました。そして、民間企業は、資本市場からの大規模な資金調達は困難（野口は基本的に禁止されていたとしています）であり、投資資金を銀行借入れに依存せざるをえませんでした。そのうえで、政府は金利を規制し、人為的な低金利を維持しました。直接金融の未発達と人為的低金利により、銀行の資金に対する超過需要が発生し、日本興業銀行などの長期信用銀行と、都市銀行が企業に対して資金割当を行いました。なお、高度成長により民間資本の蓄積が進むと、銀行の日本銀行融資への依存は低くなり、日銀の窓口規制の効力は失われていきました。

②財政投融資

高度成長期には、郵便貯金で集めた資金に加え、公的年金の保険料積立金を用いて、大蔵省の資金運用部による政策的な投融資が行われていました。これが財政投融資（財投）計画です。財投は、道路や公的住宅などの社会資本の整備、基幹産業への低利の融資、零細企業など低生産部門への補助など、様々な分野に用いられました。これにより、放置すれば貧困化していたであろう農家や零細企業に農林漁業金融公庫・国民金融公庫から低利の融資が行われ、民間銀行による個人向け住宅ローンが十分でない中で、財投資金による住宅金融公庫の住宅ローンが一般庶民に提供され、マイホームの夢がかなえられたのです。

5　オイル・ショックへの対応

†ニクソン・ショックと変動相場制移行

一九七一年（昭和四六年）八月一五日、米国のニクソン大統領は、金とドルの交換停止を発表しました。各国は固定相場制が維持できなくなり、日本は七三年二月、EC諸国は三月に変動相場制へと移行したのです。円は一ドル＝三六〇円から二二〇〜二三〇円程度のレートとなりました。

一九七三年一〇月に第四次中東戦争が勃発し、アラブ産油国はイスラエルの支援国に対する石油の禁輸と、原油価格をそれまでの一バレル＝三・〇一ドルから五・一二ドルへ、七〇パーセントの一挙引上げを宣言しました。その後、原油価格はさらに一一・六五ドルになりました。第一次オイル・ショックです。

一九七二年七月には田中角栄が首相に就任し、持論の「日本列島改造論」を進めており、土地の買占めと地価の急激な上昇が発生していました。これにオイル・ショックが加わり「狂乱物価」といわれる深刻なインフレーションが発生したのです。

七九年には、イラン革命をきっかけとして第二次オイル・ショックが勃発し、原油価格は八〇年には四〇ドル台へと上昇しました。こうして、七〇年代前半の短い期間に、ドルと原油の間、ドルと金や他の通貨との間の固定価格制度が崩壊して、市場で変動するようになったのです。

†オイル・ショックと四〇年体制

一般には、日本がオイル・ショックを克服できた理由は、「省エネ技術を開発し、エネルギーの使用を最小限に留めたこと。つまり、国民の努力と、技術的工夫のたまものであった」と考えられています。しかし野口は、そうした側面があったことは事実ですが、他にも理由があったと指摘しています。

①為替レート
円高の進行により輸入物価が下がり、原油価格の高騰が緩和されました。

②賃金決定における日本的メカニズム
日本の労働組合は四〇年体制により、企業別に組織されています。賃金は個別の企業の業績に連動する面が強く、企業の業績が悪化している中で、労働組合がインフレを理由に賃上げを要求すると、生産コストが上がってその企業は競争に不利となり、経営危機に陥りかねません。

オイル・ショックの際、労働組合は経営陣と一体となり、賃上げよりも会社の存続を優先しました。それによって野放図な賃上げが抑制され、日本は「インフレ→賃金上昇→生産コスト上昇→賃上げ→インフレ高進」という悪循環に陥らなかったのでした。つまり、野口は日本がオイル・ショックを克服できたのは、「トップから現場まで全員が一つの目的に向かって協力する」という四〇年体制によりもたらされた勝利だったと考えるのです。

このように、四〇年体制は、五〇年代、六〇年代に続き、七〇年代において三度目の成功を記録します。そしてこのことが、日本経済システムに対する過大な評価、「日本礼賛＝四〇年体制礼賛」論を生み出していきます。その結果、八〇年代の後半から九〇年代にかけて世界経済の基本的条件が変化していく際に、戦時経済体制への無条件の礼賛が、日本経済が大きな環境変化に適切に対応できなかった原因を作ったと、野口は考えるのです。

†高度成長は、戦時経済体制温存の結果

野口の仮説は、なお経済史の専門的観点から詳細な検証が必要と思われますが、次の点をコメントしておきたいと思います。

第一に、日本の高度成長の奇跡は、戦時経済体制が温存された結果として、もたらされた面があったことは確かでしょう。

もともと、この点については中村隆英（一九七四）が早くから指摘していました。中村は経済統計・日本経済史の大家ですが、晩年には昭和史・明治大正史にまで深く踏み込み、日本近現代史研究に大きな功績を残しました。彼はオイル・ショック時の日本政府の対応が、戦前の

米国・英国・オランダの対日原油輸出禁止時の対応と酷似していることに着目し、戦時体制と戦後体制の比較分析を進めていったのです。

また堺屋太一（二〇〇二）も、戦時の経済・社会体制が温存された戦後体制を「昭和一六年体制」と呼んでいます。中村・堺屋の説の概要は、田中（二〇一五）をご覧ください。

このように、戦時経済体制と戦後の経済体制に共通した面があり、これが日本の高度成長・産業資本主義の急速な発達に大きく関わっていたことについては、コンセンサスができているように思われます。

第二に、しかしながら、筆者はこの体制を「一九四〇年体制」ないし「昭和一六年体制」と名づけることには違和感があります。

田中（一九九一、二〇一五）で指摘したことですが、日本経済の統制が検討され始めたのは、第一次世界大戦直後の一九一八年（大正七年）からであり、その中心は陸軍省の永田鉄山でした。また、日本経済の計画化が検討され始めたのは、石原莞爾が陸軍参謀本部作戦課長に就任した三五年（昭和一〇年）のことです。そして、日本経済の本格的統制は、三七年の日支事変勃発により始まったのであり、国家総動員法の施行は三八年でした。

ただ、ここまでの戦時体制は、あくまでも戦争遂行に必要なものとして、陸軍中心に検討・実施されたものです。ここに、社会主義的なイデオロギーが強く加味されたのは、一九四〇年に第二次近衛内閣が発足し、「経済新体制」運動が「革新官僚」と呼ばれる社会主義色の強い官僚集団によって制度化されてからのことなのです。そして、四一年の日米開戦によって、経済・金融統制は著しく強化されました。

このように、戦時経済体制は段階的に整備されていったのであり、一九四〇年・四一年で経済体制が一変したわけではありません。特定の年度で体制の名称を決め打ちしてしまうと、誤解が生じる可能性もあるでしょう。

†中国経済にも応用できる日本経済の研究

第三に、日本の戦時経済体制の研究は、中国経済の研究にも応用できます。

これまで中国経済と日本経済を比較するとき、中国経済は「計画経済」、日本経済は「市場経済」という当然の前提があったように思われます。もちろん、中国は一九九二年（平成四年）に「社会主義市場経済体制」への移行を決定し、経済の市場化を進めているわけですが、「市場経済」の頭に「社会主義」が載せてあることからも分かるように、依然政府による「指令制経済」の要素が強く残っています。

それゆえに、九〇年代の中国経済を観察していた多くの日本人エコノミストは、文革の停滞から脱した中国経済の急速な発展は認めつつも、短期間で日本経済に追いつき追い越してしまうとは想像もしていなかったのです。それは、「しょせん、計画経済は市場経済に勝てない」という考えが念頭にあったのでしょう。

しかし、戦後の日本経済が、戦時経済体制の統制・計画の特徴を残していて、それが日本の高度成長に大きく貢献したということであれば、計画経済の要素を深く残している中国が急速に発展し、日本経済を一気に追い抜いたこともうなずけます。まさに両者の経済体制が似かよっていたからなのです。はたして、今の中国における政府の「指令」と、一九七〇年代まで日本経済で一般的だった政府の「行政指導」と、それほど大きな違いがあったのでしょうか。日本の行政指導も、民間からは「箸の上げ下ろしまで国がうるさく指導する」と言われていたのです。

ただ、堺屋も指摘しているように、この戦時経済体制モデルは産業資本主義の発達に最適なモデルではあるのですが、その後の資本主義の高度化を保証しているわけではありません。日本は一九八〇年代に産業資本主義が最高度に発達し、工業では欧米を圧倒しました。しかし、そのとき英米ではすでに金融革命・情報革命が進行しており、資本主義のサービス化・高度化が急速に進みつつあったのですが、第二次産業が絶頂の高みにあった日本型資本主義は、その流れに完全に乗り遅れてしまったのです。

もし中国が、今の計画経済と市場経済が入り混じった経済体制を抜本的に改革できなければ、中国経済は米国経済を量の面では追い抜けても、質の面で追い抜くことはかなり難しいのではないかと思われます。

また、中国より日本の官僚の方が、戦前も戦後も大学時代にマルクス主義の影響を強く受けていたせいか、日本は戦中から戦後にかけて、財閥や地主といった資産家階級を没落させ、所得再分配をより徹底しました。その結果、日本では戦後大きな屋敷が次々と消滅し、一億総中流社会が一時的にせよ実現されたのです。

他方で社会主義を標榜する中国では、権力と富が深く結びつき、貧富の差が深刻化しています。今の習近平指導部は、反腐敗と農村貧困層の解消を最大の課題に掲げていますが、もし中国が腐敗や経済格差問題を解決できず、中間階層が十分に発達しなければ、経済以前に社会・政治面で中国の体制危機が発生する可能性もあるのです。

おわりに

筆者が大蔵省に入省したのは一九八二年（昭和五七年）でしたので、すでに三五年の歳月が過ぎました。この間に起こった出来事は、経済関連の大事件に限っても、一九八〇年代後半からのバブルの発生・崩壊、一九九七年（平成九年）のアジア・日本の金融危機、二〇〇七年以降の米国サブプライムローン危機から始まる国際金融危機があります。また、二〇一六年からは、英国国民投票によるEU離脱決定、米国でのトランプ政権誕生とTPP交渉からの離脱表明のように、これまでの自由貿易体制を揺るがすような、反グローバリズムの動きが表面化し、これが欧州大陸にも拡大しています。

三〇年というのは一世代であり、長い時間です。今のように経済社会の変化が速い時代には、その間にどのような「想定外」の事態が発生するか分かりません。これに的確に対応できない組織は、衰退・消滅するかもしれないのです。この三〇年間で、多くの著名な大企業・金融機関の経営が悪化し、再編に追い込まれたのは、その一例と言えましょう。

また、最近の反グローバリズムの背景には、社会の中間層の下半分に属する人びとの失業・所得低下・将来不安があると言われています。「真面目に働いてさえいれば、生活は必ず良くなる」という確信が失われたことが、社会の支配層・既得権益層への激しい反発を生みだしているのです。二〇一六年、米国大統領選挙におけるクリントン候補の敗北、二〇一七年、フランス大統領選挙・総選挙における二大政党の敗北はその象徴でしょう。つまり変化の激しい時代には、組織のみならず、個人の将来も不確定になるのです。

日本は、欧米ほど所得格差の両極分化が起こっていませんが、八〇年代に広く見られた「一億総中流」意識が崩壊しつつあることは確かでしょう。このまま中間層の停滞が続けば、やがて欧米のように、中間層が既存政党にそっぽを向くこともありえます。

戦前首相をつとめた浜口雄幸《おさち》は、右翼青年に狙撃され重傷を負いましたが、死の直前の一九三〇年（昭和五年）に、帝国議会が与野党の争いの場と化しその役割を果たしていない状況について、「国民は、はじめはあきれ果て、次に議会政治に冷淡になり、さらには議会政治を嫌悪し、最後は議会政治を否認しようとするのではないか」と警告を発しました。そのわずか二年後に「五・一五事件」が発生し、政党政治は終焉を迎えてしまったのです。この不幸な歴史を繰り返してはなりません。

経済社会の激しい変化の中で、個々人が心がけるべきことは、本書第二章でも強調したとおり構想力を身につけることであり、そのためには、①できるだけ多くの経験を積み、知恵・教養を蓄えること、②同時に、何か一つの分野で高い専門性を身につけること、が必要ではないかと思います。

もともと、日本の組織ではジェネラリストが尊ばれ、スペシャリストが軽視される傾向があります。外国と比べ、日本の組織の中枢にドクターの学位を持つ幹部が少ないのは、その現われと言えましょう。しかし、変化の激しい今の時代においては、組織を構成するメンバーの知恵・教養・経験と専門性のバランスがうまくとれていなければ、様々な問題を解決できる空間がどんどん狭まってしまいます。

最近「想定外」という言葉をしばしば耳にしますが、それは組織における「想定内」の空間が小さくなっている証拠でしょう。こういう組織は、いずれ存亡の危機に陥ることになります。

ただ、個々人が知恵・教養・経験と専門性のバランスをとることは、単に所属する組織の存続・発展のためだけではありません。現在、日本人の健康寿命は七五歳にまで延びていると言われています。とすれば、人が社会において活動できる時間は五〇年以上に及ぶわけです。最初に所属した組織を退職しても、まだかなり時間が残されているわけですから、その時間を自分や社会のために有意義に使いたいものです。

日本は少子高齢化が深刻なわけですので、経済社会の活力を維持するには、個々人の総合的な人間力の向上が重要となります。「老人でも女性でも、働ける者は働け」というような国家総動員的な発想ではなく、人間がそもそも社会的な存在であることからしても、無理のない形で社会と関わり続けていくことは、人生を豊かで実りあるものにしていくためにも重要でしょう。

そのためには、社会人としての人生を、大きく二つのステージに分ければいいと思います。前半第一のステージでは、三〇代まで大いに組織で働き、四〇代以降はしだいに後輩に仕事を任せながら、後半第二のステージの準備を始めるのです。退職してから慌てて次の人生・仕事の内容を考えるのでは、時間のロスが大きくなります。

第二ステージを豊かに過ごせるような、何か専門性（趣味的なものでも構いません）を、第一ステージから少しずつ養っておくのです。そのためには、日頃からワーク・ライフバランスをしっかり考え、勤務外の自由に使える時間を十分確保しておくことが大事です。

筆者の場合は、三〇代の終わりから四〇代初めに中国で四年間勤務したことをきっかけに、中国経済が第二ステージの専門分野となりました。帰国後、主計局勤務で多忙を極めるなかで中国経済研究を続けたのは、それが個人のみならず国家公務員の立場から見ても、国益にもかなうと考えたからです。筆者が中国から帰国した二〇〇〇年当時、人事異動が頻繁な霞が関の中央官庁には、中国経済の専門家集団を育てる仕組みができていませんでした。今日でも、その状況は大きく変わってはいません。

中国経済がどんどん発展し、中国の国際的影響力が急速に拡大していくなかで、霞が関に中国経済の専門家が多くないことは、明らかに国益に反しています。これも「ジェネラリスト偏重・スペシャリスト軽視」の日本の組織文化の弊害と言えましょう。そこで、筆者はできるだけ勤務以外の時間を確保して中国経済の研究を個人的に継続し、その研究成果を各方面に還元することにしました。筆者はまもなく役所を退職しますが、今後も七五歳頃までは、健康が許せば中国経済をフォローし、社会に貢献していきたいと思っています。


ところで、先ほども述べたとおり、個々人の人間的総合力を向上させるには、専門性を高めるだけでは不十分であり、これに経験・知恵・教養を加えて、総合的にバランスをとる必要があります。帰国後中国経済をもっぱら研究していた筆者が、世界経済・日本経済に再び目を向けたきっかけは、二〇〇八年秋のことでした。

九月のリーマン・ショック発生により、世界経済危機がいよいよ深刻化していくなかで、「なぜ経済は危機を繰り返すのか、なぜ過去の反省は生かされないのか」、そういうことを考え始めていたときに、東京大学に新設されたエグゼクティブ・マネジメント・プログラム(EMP)という、社会人向けのコースに一期生として参加することになったのです。

この東大ＥＭＰは、東京大学の文系・理系の第一線の研究者や外部講師が、学部・専門分野の枠を超えて、受講生と共通課題を双方向で徹底的に議論する、いわば「知の総合化」の試みでした。このプログラムで議論する中で、筆者は中国経済の先行きを考察するためにも、経済思想や資本主義の多様性、国際経済危機の原因や日本経済社会の歩み・特徴について、一度自分の考えをまとめておく必要を切実に感じたのです。その途中の成果が、前著（二〇一五）と本書ということになります。

本書の企画・執筆に際しては、筑摩書房に大変お世話になりました。特に、担当の羽田雅美さんには、本書の構成・書きぶりについて、貴重なアドバイスをいただきました。ここに厚くお礼を申し上げます。また公務が多忙のため、本書の執筆には、多くの土日・休日を費やすこととなりました。筆者が中国経済研究を本格的に開始して以来、自宅での執筆環境に常に配意し、一読者として様々なアドバイスをくれた、妻・美智子にも深く感謝したいと思います。

二〇一七年五月二一日

田中　修

参考文献

ジョセフ・E・スティグリッツ、峯村利哉訳『世界に分断と対立を撒き散らす経済の罠』（徳間書店、二〇一五）
ジョン・K・ガルブレイス、鈴木哲太郎訳『新版　バブルの物語』（ダイヤモンド社、二〇〇八）
ジョン・K・ガルブレイス、鈴木哲太郎訳『決定版　ゆたかな社会』（岩波現代文庫、二〇〇六）
谷崎潤一郎「小さな王国」（『潤一郎ラビリンス　V　少年の王国』（中公文庫、一九九八所収）
岩井克人「経済学とグローバル経済危機」（吉野直行・矢野誠・樋口美雄編『論争！経済危機の本質を問う』慶応義塾大学出版会、二〇〇九所収）
岩井克人『二十一世紀の資本主義論』（ちくま学芸文庫、二〇〇六）
岩井克人『経済学の宇宙』（日本経済新聞出版社、二〇一五）
ソースティン・ヴェブレン、高哲男訳『有閑階級の理論』（ちくま学芸文庫、一九九八）
アダム・スミス、山岡洋一訳『国富論　上・下』（日本経済新聞出版社、二〇〇七）
アダム・スミス、水田洋訳『道徳感情論　上・下』（岩波文庫、二〇〇三）
堂目卓生『アダム・スミス』（中公新書、二〇〇八）
マックス・ウェーバー『世界の大思想3　ウェーバー政治・社会論集』（河出書房新社、一九七二）
山之内靖『マックス・ヴェーバー入門』（岩波新書、一九九七）
山之内靖『ニーチェとヴェーバー』（未来社、一九九三）
安藤英治『マックス・ウェーバー』（講談社学術文庫、二〇〇三）
ケインズ、間宮陽介訳『雇用・利子および貨幣の一般理論　上・下』（岩波文庫、二〇〇八）
宇沢弘文『ケインズ「一般理論」を読む』（岩波現代文庫、二〇〇八）

シュムペーター、塩野谷祐一・中山伊知郎・東畑精一訳『経済発展の理論』（岩波文庫、一九七七）
シュムペーター、中山伊知郎・東畑精一訳『資本主義・社会主義・民主主義』（東洋経済出版社、一九九一）
吉川洋『いまこそ、ケインズとシュンペーターに学べ』（ダイヤモンド社、二〇〇九）
鹿野嘉昭『日本の金融制度』（東洋経済新報社、二〇〇一）
永野健二『バブル　日本迷走の原点』（新潮社、二〇一六）
國重惇史『住友銀行秘史』（講談社、二〇一六）
植村修一『バブルと生きた男　ある日銀マンの記録』（日本経済新聞出版社、二〇一七）
『週刊東洋経済』「最後の証言　バブル全史」（二〇一七年五月二〇日号）
エズラ・F・ヴォーゲル、広中和歌子・木本彰子訳『ジャパン・アズ・ナンバーワン』（TBSブリタニカ、一九七九）
カール・ポラニー、野口建彦・栖原学訳『大転換』（東洋経済新報社、二〇〇九）
村上泰亮・公文俊平・佐藤誠三郎『文明としてのイエ社会』（中央公論社、一九七九）
丸山真男『日本の思想』（岩波新書、一九六一）
丸山眞男『忠誠と反逆』（ちくま学芸文庫、一九九八）
山本七平『勤勉の哲学』（PHP文庫、一九八四）
山本七平『日本資本主義の精神』（ビジネス社、二〇〇六）
山本七平『常識の研究』（文春文庫、一九八七）
山本七平『空気の研究』（文春文庫、一九八三）
山本七平『日本人とは何か。』（祥伝社、二〇〇六）
渋沢栄一『論語と算盤』（角川ソフィア文庫、二〇〇八・原著は一九二七年忠誠堂刊）

渋沢栄一『雨夜譚／渋沢栄一自叙伝（抄）』（日本図書センター、一九九七）
根井雅弘『経済学の歴史』（講談社学術文庫、二〇〇五）
根井雅弘『物語　現代経済学――多様な経済思想の世界へ』（中公新書、二〇〇六）
イザヤ・ベンダサン『日本教について』（文藝春秋、一九七二）
立花隆『天皇と東大　上・下』（文藝春秋、二〇〇五）
『文藝春秋』一九七五年八月号「戦艦大和」特集
笠谷和比古『主君「押込」の構造』（平凡社、一九八八）
田中修『スミス・ケインズからピケティまで　世界を読み解く経済思想の授業』（日本実業出版社、二〇一五）
田中修「経済の軍事化」（軍事史学会編『軍事史学』一〇五号　一九九一年所収）
中村隆英『日本の経済統制』（日経新書、一九七四）
中村隆英『昭和経済史』（岩波書店、一九八六）
中村隆英『日本経済　その成長と構造　第三版』（東京大学出版会、一九九三）
野口悠紀雄『１９４０年体制』（東洋経済新報社、一九九五）
野口悠紀雄『戦後経済史』（東洋経済新報社、二〇一五）
堺屋太一『日本の盛衰』（ＰＨＰ新書、二〇〇二）
金成隆一『ルポ　トランプ王国』（岩波新書、二〇一七）

ちくま新書
1274

日本人《にほんじん》と資本主義《しほんしゅぎ》の精神《せいしん》

二〇一七年八月一〇日　第一刷発行

著者　田中修（たなか・おさむ）
発行者　山野浩一
発行所　株式会社　筑摩書房
東京都台東区蔵前二-五-三　郵便番号一一一-八七五五
振替〇〇一六〇-八-四一二三
装幀者　間村俊一
印刷・製本　三松堂印刷　株式会社

乱丁・落丁本の場合は、左記宛にご送付ください。
送料小社負担でお取り替えいたします。
ご注文・お問い合わせも左記へお願いいたします。
〒三三一-八五〇七　さいたま市北区櫛引町二-六〇四
筑摩書房サービスセンター　電話〇四八-六五一-〇〇五三

ISBN978-4-480-06981-8 C0233

ちくま新書

807 **使える！ 経済学の考え方** ——みんなをより幸せにするための論理
小島寛之
人は不確実性下においていかなる論理と嗜好をもって意思決定するのか。人間の行動様式を確率理論を用いて抽出し、社会的な平等・自由の根拠をロジカルに解く。

811 **週末起業サバイバル**
藤井孝一
「雇われる生き方」がリスクになった今、生活をまもるためには新たな戦略が必要だ。ウェブを利用した週末起業の方法を丁寧にときあかす。自衛せよ、サラリーマン！

822 **マーケティングを学ぶ**
石井淳蔵
市場が成熟化した現代、生活者との関係をどうデザインするかが企業にとって大きな課題となる。著者はここを起点にこれからのマーケティング像を明快に提示する。

827 **現代語訳 論語と算盤**
渋沢栄一
守屋淳訳
資本主義の本質を見抜き、日本実業界の礎となった渋沢栄一。経営・労働・人材育成など、利潤と道徳を調和させる経営哲学には、今なすべき指針がつまっている。

831 **現代の金融入門【新版】**
池尾和人
情報とは何か。信用はいかに創り出されるのか。金融の本質に鋭く切り込みつつ、平明かつ簡潔に解説した定評ある入門書。金融危機の経験を総括した全面改訂版。

837 **入門 経済学の歴史**
根井雅弘
偉大な経済学者たちは時代の課題とどう向き合い、それぞれの理論を構築したのか。主要テーマ別に学説史を描くことで読者の有機的な理解を促進する決定版テキスト。

842 **組織力** ——宿す、紡ぐ、磨く、繋ぐ
高橋伸夫
経営の難局を打開するためには、〈組織力〉を宿し、紡ぎ、磨き、繋ぐことが必要だ。新入社員から役員まで、組織人なら知っておいて損はない組織論の世界。

ちくま新書

851
競争の作法 ――いかに働き、投資するか
齊藤誠
なぜ経済成長が幸福に結びつかないのか？　標準的な経済学の考え方にもとづき、確かな手触りのある幸福を築く道筋を考える。まったく新しい「市場主義宣言」の書。

857
日本経済のウソ
髙橋洋一
円高、デフレ、雇用崩壊――日本経済の沈下が止まらない。この不況の時代をどう見通すか？　大恐慌から現代まで、不況の原因を検証し、日本経済の真実を明かす！

869
35歳までに読むキャリア《しごとえらび》の教科書 ――就・転職の絶対原則を知る
渡邉正裕
会社にしがみついていても、なんとかなる時代ではなくなった。どうすれば自分の市場価値を高めて、望む仕事に就くことができるのか？　迷える若者のための一冊。

871
電子書籍の時代は本当に来るのか
歌田明弘
電子書籍は一時のブームを越え定着するのか？　そして紙のメディアは生き残れるのか？「大変化」の本質を冷静にとらえ、ビジネス・モデルの成立する条件を示す。

878
自分を守る経済学
徳川家広
日本経済の未来にはどんな光景が待ち受けているのか？　徳川宗家十九代目が、経済の仕組みと現在へ至る歴史を説きながら、身を守るためのヒントを提供する！

884
40歳からの知的生産術
谷岡一郎
マネジメントの極意とは？　時間管理・情報整理・知的生産の3ステップで、その極意を紹介。ファイル術からアウトプット戦略まで、成果をだすための秘訣がわかる。

894
使えるマキャベリ ――のし上がるための心理術
内藤誼人
マキャベリの思想は、自力で生き抜く技術である。これは現代の厳しい環境で働く私たちにも重要なスキルだ。仕事人として結果を出し、評価されるための実践講座。

ちくま新書

962
通貨を考える
中北徹
「円高はなぜ続くのか」「ユーロ危機はなぜくすぶり続けるのか」。こうした議論の補助線として「財政」と「決済」に光をあて、全く新しい観点から国際金融を問いなおす。

965
東電国有化の罠
町田徹
国民に負担を押し付けるために東京電力は延命させられた！　その裏には政府・官僚・銀行の水面下での駆け引きがあった。マスコミが報じない隠蔽された真実に迫る。

973
本当の経済の話をしよう
若田部昌澄
栗原裕一郎
難解に見える経済学も、整理すれば実は簡単。わかりやすさで定評のある経済学者・若田部昌澄に、気鋭の評論家・栗原裕一郎が挑む、新しいタイプの対話式入門書。

976
理想の上司は、なぜ苦しいのか
――管理職の壁を越えるための教科書
樋口弘和
いい上司をめざすほど辛くなるのはなぜだろう。頑張るほど疲弊してしまう現代の管理職。では、その苦労の理由とは。壁を乗り越え、マネジメント力を上げる秘訣！

977
現代《ヒュンダイ》がトヨタを越えるとき
――韓国に駆逐される日本企業
小林英夫
金英善《キム・エイゼン》
ものづくりの雄、トヨタ。その栄華はピークを過ぎたのか？　日韓企業のあいだで起きている大変化を検証しながら、日本企業が弱体化した理由と再生への道筋を探る。

991
増税時代
――われわれは、どう向き合うべきか
石弘光
無策な政治により拡大した財政赤字を解消し、社会保障制度を破綻させないためにはどうしたらよいのか？　国民生活の質の面から公平性を軸に税財制を考える一冊。

1006
高校生からの経済データ入門
吉本佳生
データの収集、蓄積、作成、分析。数字で考える「頭」は、情報技術では絶対に買えません。高校生でも、そして大人でも、分析の技法を基礎の基礎から学べます。

ちくま新書

1054 農業問題 ――TPP後、農政はこう変わる 本間正義
戦後長らく続いた農業の仕組みが、いま大きく変わろうとしている。第一人者がコメ、農地、農協の問題を分析し、TPP後を見据えて日本農業の未来を明快に描く。

1056 なぜ、あの人の頼みは聞いてしまうのか? ――仕事に使える言語学 堀田秀吾
頼みごと、メール、人間関係、キャッチコピーなど、仕事の多くは「ことば」が鍵! 気鋭の言語学者が、ことばの秘密を解き明かし、仕事への活用法を伝授する。

1058 定年後の起業術 津田倫男
人生経験豊かなシニアこそ、起業すべきである――第二の人生を生き甲斐のあふれる実り豊かなものにしたいあなたに、プロが教える、失敗しない起業のコツと考え方。

1061 青木昌彦の経済学入門 ――制度論の地平を拡げる 青木昌彦
社会の均衡はいかに可能なのか? 現代の経済学を主導した碩学の知性を一望し、歴史的な連続/不連続性のなかで、ひとつの社会を支えている「制度」を捉えなおす。

1065 中小企業の底力 ――成功する「現場」の秘密 中沢孝夫
国内外で活躍する日本の中小企業。その強さの源は何か? 独自の技術、組織のつくり方、人材育成……。多くの現場取材をもとに、成功の秘密を解明する一冊。

1069 金融史の真実 ――資本システムの一〇〇〇年 倉都康行
懸命に回避を試みても、リスク計算が狂い始めるとき、金融危機は繰り返し起こる。「資本システム」の歴史を概観しながら、その脆弱性と問題点の行方を探る。

1092 戦略思考ワークブック【ビジネス篇】 三谷宏治
Suica自販機はなぜ1・5倍も売れるのか? 1着25万円のスーツをどう売るか? 20の演習で、明日から使える戦略思考が身につくビジネスパーソン必読の一冊。

ちくま新書

1128 若手社員が育たない。——「ゆとり世代」以降の人材育成論　豊田義博
まじめで優秀、なのに成長しない。そんな若手社員が増加している。本書は、彼らの世代的特徴、職場環境、大学での経験などを考察し、成長させる方法を提案する。

1130 40代からのお金の教科書　栗本大介
子どもの教育費、住宅ローン、介護費用、老後の準備、相続トラブル。取り返しのつかないハメに陥らないために、「これだけは知っておきたいお金の話」を解説。

1138 ルポ 過労社会——八時間労働は岩盤規制か　中澤誠
長時間労働が横行しているのに、さらなる規制緩和は必要なのか？　雇用社会の死角をリポートし、「働きすぎの日本人」の実態を問う。佐々木俊尚氏、今野晴貴氏推薦。

1166 ものづくりの反撃　中沢孝夫／藤本隆宏／新宅純二郎
「インダストリー4.0」「ＩｏＴ」などを批判的に検証し、日本の製造業の潜在力を分析。現場で思考をつづけてきた経済学者が、日本経済の夜明けを大いに語りあう。

1175 30代からの仕事に使える「お金」の考え方　児玉尚彦／上野一也
あなたは仕事できちんと「お金」を稼げていますか？ビジネス現場で最も必要とされる「お金で考えるスキル」を身につけて、先が見えない社会をサバイブしろ！

1179 日本でいちばん社員のやる気が上がる会社——家族も喜ぶ福利厚生100　坂本光司＆坂本光司研究室
全国の企業1000社にアンケートをし、社員と家族を幸せにしている100の福利厚生事例と、業績にも確実によい効果が出ているという分析結果を紹介する。

1188 即効マネジメント——部下をコントロールする黄金原則　海老原嗣生
自分の直感と経験だけで人を動かすのには限界がある。マネジメントの基礎理論を学べば、誰でもいい上司になれる。人事のプロが教える、やる気を持続させるコツ。

ちくま新書

1189 恥をかかないスピーチ力　齋藤孝
自己紹介や、結婚式、送別会など人前で話す機会は意外と多い。そんな時のためのスピーチやコメントのコツと心構えを教えます。これさえ読んでいれば安心できる。

1197 やってはいけない！職場の作法 ――コミュニケーション・マナーから考える　高城幸司
雑談力、社内ヒエラルキーへの対処、ツールの使い分け、会議の掟、お詫びの鉄則など、社内に溶け込み、存在感を示していくためのコミュニケーションの基本！

1228 「ココロ」の経済学 ――行動経済学から読み解く人間のふしぎ　依田高典
なぜ賢いはずの人間が失敗をするのか？　自明視されてきた人間の合理性を疑い、経済学、心理学、脳科学の最新知見から、矛盾に満ちた人間のココロを解明する。

1232 マーケティングに強くなる　恩蔵直人
「発想力」を武器にしろ！　ビジネスの新潮流を読み解き、現場で考え抜くためのヒントを示す。仕事に活かせる実践知を授ける、ビジネスパーソン必読の一冊。

1260 金融史がわかれば世界がわかる【新版】 ――「金融力」とは何か　倉都康行
金融取引の相関を網羅的かつ歴史的にとらえ、資本主義がどのように発展してきたかを観察。旧版を大幅に改訂し、実務的な視点から今後の国際金融を展望する。

1268 地域の力を引き出す企業 ――グローバル・ニッチトップ企業が示す未来　細谷祐二
地方では、ニッチな分野で世界の頂点に立つ「GNT」企業の存在感が高まっている。その実態を紹介し、国や自治体の支援方法を探る。日本を救うヒントがここに！

1270 仕事人生のリセットボタン ――転機のレッスン　為末大　中原淳
これまでと同じように仕事をしていて大丈夫？　右肩上がりではなくなった今後を生きていくために、自分の生き方を振り返り、明日からちょっと変わるための一冊。